기후위기,

무엇이 문제일까?

기후위기,
무엇이 문제일까?

오애리 · 김보미 지음

청소년과
함께 하는
시민 수업

북 카라반
CARAVAN

왜, 기후위기인가?

2023년 여름은 혹독했습니다. 우리나라에서는 장마철 집중호우로 제방이 무너져 강물이 넘치고, 산사태가 일어나 많은 인명 피해와 재산 피해가 발생했지요. 논과 밭, 과수원 등이 물에 잠기는 바람에 농작물 피해 역시 컸고 소, 돼지, 닭 등 가축 수십만 마리가 죽기도 했어요.

비가 얼마나 많이 왔기에 이런 큰 피해가 벌어졌을까요? 일부 지역에서는 1년 평균 강수량의 절반에 가까운 비가 불과 일주일 동안 쏟아졌어요. 장마철에는 워낙 비가 많이 내리지만 이처럼 짧은 기간 동안 집중적으로 많은 양의 비가 내리면 감당하기가 힘들어집니다. 물론 미리미리 철저하게 준비하고 비상사태가 발생했을 때 신속하게 대응했더라면 피해를 막거나 줄일 수 있었을 텐데, 아쉽게도 부족한 점이 많았어요.

우리나라에서는 여름철에 극단적인 폭우 현상이 눈에 띄게 늘어나고 있어요. 한 해 전인 2022년에도 서울 등 수도권을 중심으로 기록적인 양의 비가 쏟아졌지요. 특히 서울에서는 일일 강수량이 102년 만에 최대를 기록했어요. 여름철 한 달 동안 내릴 비의 양이 하루 동안 쏟아진 겁니다. 도심에서 도로의 맨홀 구멍 속으로 빨려 들어가 사망한 사람도 있고, 장애인 가족이 물에 잠긴 반지하 방에서 빠져나오지 못해 목숨을 잃는 비극적인 일이 벌어지기도 했습니다.

기상 전문가들은 이 같은 폭우의 원인 중 하나로 기후변화를 꼽고 있어요. 단기적인 기상 변화의 영향도 있기는 하지만 기후변화로 해수면 온도가 올라가고 수증기의 양이 많아지면서 폭우 현상이 자주 발생하고 있다고 해요. 게다가 앞으로는 그 강도가 더 커질 가능성이 크다고 합니다.

우리나라가 폭우 피해를 입고 있는 동안 지구의 또 다른 곳들 역시 극단적인 폭염과 폭우 등으로 몸살을 앓았어요. 2023년 유럽, 북미, 아시아 일부 지역에서는 기온이 무려 50도 안팎으로 치솟으며 펄펄 끓다시피 했습니다. 이탈리아 기상학회는 극심한 폭염 사태에 이름까지 붙였어요. 바로 '케르베로스cerberos'입니다. 그리스 로마 신화와 단테의 「신곡」에 나오는 개 모습을 한 상상의 동물인데, 머리가 세 개이며 지옥문을 지키는 역할을 해요. 케르베로스가 지옥문을 잘 지켰으면 별 탈이 없었겠지만, 그렇지 못해 문이 열려 지옥불이 밖으로 빠져나와 폭염 사태가 벌어졌다는 의미겠죠.

같은 해 7월 지구 평균 온도는 관측 역사상 처음으로 17도를 넘어선 이후 연이어 신기록 행진을 이어 나갔습니다. 한 연구 결과에 따르면 1992~2013년 폭염이 전 세계

경제에 미친 누적 손실이 최소 5조 달러, 최대 29조 달러로 추정된다고 해요.

기후변화란 말은 너무 많이 들어서 매우 익숙할 거예요. 어쩌면 '그러려니' 하고 무심하게 듣고 넘길지도 모르겠네요. 솔직히 고백하건대, 저 역시 '기후변화는 천천히 조금씩 일어나는 일이니까 내가 살아 있는 동안에는 큰 변화가 없을 거야'라고 생각했던 적이 있었어요. 하지만 어렸을 때와 비교해 많이 달라진 기후 때문에 깜짝 놀라곤 해요. 한겨울에도 모기가 죽지 않고 윙윙 날아다니는 것은 예전에는 상상하지 못했던 일이에요.

그래서 이제는 '기후위기climate crisis'를 말해야 한다는 목소리가 높아지고 있습니다. 영국의 한 일간지는 기후변화란 표현이 수동적이고 온화한 느낌을 준다면서 앞으로는 기사에 기후변화 대신 '기후위기' '기후 비상사태emergency' '기후실패breakdown' 등의 표현을 사용하겠다고 선언했어요. 더불어 '지구 온난화global warming'도 긴박한 현재 상황에서는 적절치 못한 표현이라는 지적도 나오고 있습니다. 천천히 데워진다는 뜻의 '워밍' 대신 뜨겁게 끓는다는 뜻의 '히팅heating'으로 바꾸자는 것이지요.

이 책은 지금 우리가 겪고 있는 기후변화 또는 기후위기의 원인은 무엇이며, 어떤 피해가 발생하고 있는지, 이를 막기 위해 어떤 노력을 하고 있으며, 문제점은 무엇인지 등을 살펴봅니다. 글의 맥락에 따라 기후변화와 기후위기라는 용어를 두루 사용하고 있기는 해도, 문제의식은 기후위기 쪽으로 더 기울어졌다고 할 수 있어요. 과학적 용어와 개념, 통계치 등이 자주 등장해 어렵게 느껴질 수도 있지만, 우리가 매일매일 생활 속에서 겪는 일이라는 점에서 조금만 더 관심을 기울인다면 쉽게 이해할 수 있을 겁니다.

가장 중요한 것은 '행동'이에요. 전 세계적인 노력과 정부뿐만 아니라 개개인은 어떤 노력을 기울여야 할까요? 이 책을 읽는 청소년 여러분들이 앞으로 살아갈 세상은 기후위기가 지금보다 더 일상화될 가능성이 높기 때문에 이에 대한 대응이 가장 중요한 과제가 될 수 있습니다. 10대 시절부터 환경운동과 각종 시위를 이끌어온 스웨덴 여성 그레타 툰베리는 "불이 났다고 외치지 말고 불이 난 것처럼 행동하라"고 말했어요. 그는 기성세대가 기후위기를 말로만 외치면서 실질적으로 대응하지 못해온 것을 비판하면서, 이제는 과감하게 진짜 행동해야 할 때라고 촉구했어요.

그렇다면 우리는 지금 당장 무엇을 해야 할까요? 기후위기를 함께 생각해보고, 이를 막기 위한 노력에 이 책이 길라잡이가 되길 바랍니다.

오애리 · 김보미

차례

1장

검은 코끼리

검은 코끼리

검은
코끼리

폭풍 같은 결과가 닥쳐올 걸 알면서도 모두가 외면하는 엄청난 일을 '검은 코끼리'라고 합니다. '검은 백조'와 '방 안의 코끼리'를 합쳐서 부르는 말이에요. 백조는 흰 털을 가져서 붙은 이름이니 검은 백조가 나올 확률은 아주 낮지요. 만약 검은 백조가 등장한다면 사람들은 이례적인 상황에 큰 충격을 받을 것입니다.

코끼리가 방안을 가득 차지하고 있다고 상상해보세요. 그 존재감은 누구든 모를 수 없지만, 애써 보이지 않는 척 아무도 언급하지 않는 상황도 떠올려볼까요. 검은 코끼리는 이렇게 책임지기 싫거나 해결하기 힘든 일이 닥쳤을 때 눈앞에 놓인 상황을 억지로 모른 체하는 모습을 표현하는 것입니다.

검은 백조가 나타났다는 위험이 이미 방 안 코끼리처럼 명백해 모두가 알고 있으면서도, 없는 듯 외면하고 내버려둔 일은 무엇을 의미할까요? 바로 지구에 닥친 기후위기입니다.

기후변화 문제를 '나와 상관없는 지구 어딘가에서 벌어지는 희귀한 일'로만 여겼던 시절이 있었습니다. 수십 년 전부터 많은 과학자와 연구자들은 늘어만 가는 석유 에너지 사용과 마구잡이로 생산하는 플라스틱 제품 등 미래를 생각하지 않고 서슴없이 하는 인간의 행동들이 지구 생태계에 상당한 영향을 끼쳐 인간을 위협하는 부메랑이 될 것이라고 했습니다. 하지만 인류는 조금씩 나타나는 변화들이 당장 큰일은 아니라고 생각했지요. 그렇게 대응할 시기를 놓친 기후변화는 이제 날씨 문제를 넘어선 재난 상황으로 악화됐습니다.

미국 일간지 『뉴욕타임스』의 칼럼니스트 토머스 프리드먼은 2016년 『늦어서 고마워Thank you for being late』라는 책

에서 사람들의 이런 모습을 '검은 코끼리'에 비유해서 경고
했습니다. 그동안 얼마나 많은 검은 코끼리를 못 본 척 스쳐
지나간 것일까요. 그리고 그 나비효과는 지금 얼마나 큰 위
기로 닥친 걸까요. 우리 주변을 한번 살펴보겠습니다.

빨라지는
벚꽃 엔딩

2023년 봄은 코로나바이러스감염증-19(코로나19)가 사라지기까지 3년이 넘는 시간을 보내고 처음 마스크를 벗고 맞이한 계절이었어요. 활짝 핀 꽃들을 더 즐겁게 맞이하기 위해 국내 여러 지역에서는 다양한 행사가 준비됐답니다. 그런데 생각지도 못한 일이 일어났습니다. 예측했던 것보다 꽃이 너무 빨리 피어버린 거예요. 보통 서울에서 4월 첫째 주에 만개하던 벚꽃이 3월 25일 이미 봉우리를 활짝 펴 절정을 이룬 것입니다.

서울에서 봄꽃이 피는 시기는 1922년부터 100년 넘게 기록해오고 있습니다. 2023년 벚꽃 개화는 평균보다 2주, 2022년과 비교해도 열흘이나 빨랐다고 해요. 벚꽃이 이보다 더 빨리 핀 적은 딱 한 번 있었어요. 2021년 봄으로 3월 24일에 벚나무에 꽃이 피었습니다. 벚꽃이 3월 24일 개화한 것은 100년 기록 중에 가장 빠른 시기입니다.

봄꽃이 피는 시기를 처음 기록한 1922년 벚꽃은 2020년대보다 3주나 늦은 4월 14일 개화했다고 해요. 100년 전과 비교하면 지금 우리가 사는 시대에 봄이 얼마나 빨리 찾아오는지 알 수 있습니다. 예상보다 꽃이 빨리 피었다가 지는 바람에 날짜를 맞추지 못한 봄꽃 축제는 꽃 없는 꽃 행사가 되기도 했지요. 꽃이 빨리 피는 이유는 단순합니다. 겨울이 빨리 끝나고 봄이 일찍 시작되었으니까요.

그러면 봄이 왜 일찍 왔을까요? 바로 지구 온난화 때문입니다. 화석연료 사용 등으로 발생하는 이산화탄소와 대기오염 물질은 태양에서 오는 빛과 열을 흡수합니다. 대기권을 통과해 지표면까지 도달한 태양 에너지 중 일부는 반사돼 다시 우주로 나가는 덕에 지구의 기온은 일정하게 유지될 수 있습니다. 하지만 이산화탄소 등이 반사될 에너지까지 대기에 가둬 열이 방출되지 않고 공기를 데우면 마치 온실처럼 지구 기온을 높이는 지구 온난화 현상이 생깁니다. 그래서 이산화탄소를 온실가스라고 불러요. 이 온실가스로 인해 식물 개화 시기나 동물의 서식지가 달라지고, 빙하가 녹으면서 해수면이 상승하는 기후변화를 초래합니다.

산업화 이후 악화된 지구 온난화로 평균 기온이 오르는 만큼 봄철 날씨도 따뜻해지는 기후변화가 일어나면서 벚꽃 엔딩도 빨라진 겁니다. 보통 초봄이라고 여기는 3월 평균 기온은 2022년 7.7도, 2023년 9.4도였어요. 평년 3월 평균 기온보다 3.3도 높은 것은 물론이고, 전국의 기상 관측을 시작한 1973년 이후 최고로 높았습니다.

봄의 시작이 빨라진 건 한국만이 아니에요. 일본 교토에서는 2023년 벚꽃이 3월 24일 만개했습니다. 평소보다 11일 일찍 폈고, 1953년 현대적 기상 관측이 시작된 이후 가장 빨랐습니다. 이보다 먼저 벚꽃이 폈던 적은 2021년 3월 26일이었는데 이틀이나 앞당겨진 것입니다.

2021년 꽃이 핀 시점도 너무 빨라 이례적이라고 놀랐거든요. 실제로 9세기부터 교토 벚꽃 개화 시점을 기록한 문서를 보면, 1409년 이례적으로 3월 27일에 벚꽃이 절정을 이룬 적이 있긴 하지만 2021년 개화일은 1200년 만에 가장 이른 시점이었어요. 800년대부터 1800년대까지 1000년 동안 만개 시점은 4월 17일 전후로 유지됐습니다. 하지만 1990년대 이후 점점 앞당겨져 이제는 3주가 넘게 빨라졌어요.

온난화는 단순히 벚꽃이 피고 지는 시점만 앞당기는 변화에서 끝나지 않습니다. 이산화탄소 농도가 높아지면서 꽃가루 독성이 강해지고 꽃가루가 날리는 시기도 길어져 사람들의 면역 체계에도 영향을 미칩니다. 꽃가루는 알레르기가 있는 사람들의 면역 체계를 무너뜨려요. 바이러스를 이겨내는 단백질 활동을 방해해 질병에 취약하게 만들거든요.

2023년 국내에서는 알레르기 유발성이 강한 참나무 꽃가루가 4월 4일부터 날렸다고 관측됐습니다. 원래 빠르면 4월 중순, 보통 5월 초순에 절정을 이루던 시기가 일주일 넘게 빨라졌습니다. 꽃가루 양도 예전보다 두 배 정도 많아졌다고 하고요. 한양대학교 의과대학에서 조사해보니 1997년과 2017년을 비교하면 꽃가루가 날리는 기간이 20년 만에 45일, 무려 한 달 이상 늘었어요. 봄철 평균 기온과 이산화탄소 농도가 상승한 것이 원인이라고 하네요.

대설에도 모기향을
켜야 하는 이유

기후변화는 1년을 날씨 기준으로 나눈 24절기마다 당연하게 일어났던 일들을 당연하지 않게 만들고 있습니다. 24절기 중 스물한 번째 절기인 대설大雪은 눈이 가장 많이 내리는 시기여서 붙은 이름이에요. 보통 양력으로 12월 7일이나 8일 무렵인 초겨울입니다.

최근 이런 계절에 어울리지 않는 불청객이 나타났습니다. 모기가 날아다니며 밤잠을 방해하는 거예요. 가을도 끝나고 기온이 영하로 내려가 한파가 시작되기도 하는 시기인데 웬 모기일까요? 성가신 집이 얼마나 많았으면 12월에 모기약을 뿌려달라고 구청에 민원이 많이 들어와 여름이 아닌 겨울에 특별 방제를 하는 곳도 많아졌다고 해요.

매월 모기가 얼마나 활동하는지 지수로 표시하는 서울시 모기예보제를 보면 체감할 수 있습니다. 모기 지수는 한여름인 7월에는 60을 넘었다가 한겨울인 12월에는 0까지 떨어집니다. 보통 11월 말이면 모기가 거의 눈에 띄지 않아 지수가 한 자릿수로 떨어집니다.

그런데 요즘은 늦가을과 초겨울 기온이 높아지면서 지수가 20까지 올라가기도 해요. 모기가 따뜻한 날씨 탓에 월동에 들어가지 않고 활동하거나, 건물과 실내 난방 효율이 높아져 겨울잠을 자야 하는 유충이 성충으로 깨어나 주택 배관을 타고 들어오는 거예요. 대설 모기는 이렇게 밤의 불청객으로 등장하게 됐습니다.

원래 모기 방제는 겨울에 소독약을 얼마나 잘 뿌리는지에 따라 여름철이 편해집니다. 12월에서 2월까지 겨울철에는 지하실이나 배관, 정화조 등 물이 고여 있는 곳에 살충제를 뿌려 모기 유충을 박멸하거든요. 유충 한 마리를 잡으면 성충 500마리 이상을 방제하는 효과가 있습니다. 유충을 없애는 만큼 다음 해 여름철 모기 수가 줄어들지요. 그런데 이제는 겨울에도 유충을 잡는 게 아니라 날아다니는 성충을 잡아야 하는 상황이 됐다고 해요.

겨울 모기의 활동량이 커지면 질병이 생길 위험도 높아집니다. 모기가 옮기는 말라리아로 전 세계에서 1년에 50만 명이 죽습니다. 뇌염과 지카 바이러스, 뎅기열 등 다른 질병까지 합치면 연간 72만 5000명이 모기 때문에 사망합니다.

모기는 지구상에서 가장 많은 사람을 죽이는 동물로도 꼽히지요. 바이러스를 가진 환자나 보균자를 문 모기가 다른 사람을 다시 물면 병을 옮길 수 있어요. 하지만 바이러스를 가진 모기라고 해도 한국처럼 겨울이 추우면 동면하는 동안 많이 죽기 때문에 다음 여름까지 살아 있는 경우가 많지 않습니다. 그런데 겨울이 따뜻해져 10도 이상 유지되는 아열대 기후가 되면 성충들이 죽지 않고 다음 여름에 다시 활동해 바이러스를 퍼뜨릴 가능성이 커졌어요.

모기가 날아다니려면 기온이 9도 이상이어야 하고, 피를 빨려면 13도가 넘어야 합니다. 10년 전에는 4월 중순이나 돼야 발견됐던 뇌염모기가 4월 초순에 나타나기 시작하더니, 2023년에는 3월 하순에 등장했습니다. 이는 온난화로 봄철 기온이 빠르게 올라가는 탓이에요.

늦봄과 초여름 사이 서울 여러 지역에서 사랑벌레나 동양하루살이 등이 수백 마리씩 떼로 나타나는 것도 겨울이 춥지 않아서라고 해요. 알에서 애벌레, 번데기, 성충을 거쳐 어른벌레가 되는 곤충은 유충이 땅속에서 번데기 상태로 추운 겨울을 견딥니다. 그런데 기온이 올라가 겨울에 땅이 얼지 않으니 번데기 생존율이 높아진 것입니다.

곤충은 지구 생태계에서 미세 혈관과 같은 역할을 한다고 하지요. 해충도 있지만, 식물이 열매를 맺게 하거나 씨앗을 멀리까지 퍼뜨리고, 사람이 먹는 농작물에 이로울 뿐 아니라 새와 같은 작은 동물이 좋아하는 식량이 바로 곤충입니다. 지구 생태계 먹이사슬의 가장 아랫부분을 떠받치고 있는 곤충 서식 환경에 이런 문제가 생겼다는 것은 먹이사슬 위쪽에 있는 인간의 삶에도 영향을 미칠 수밖에 없는 변화가 생겼다는 신호입니다.

매년 다시 쓰는
극한 날씨 신기록

　　겨울이 일찍 끝나고 봄이 빨라진다는 건 더위가 기승을 부리는 기간이 길어진다는 의미겠지요. 실제로 각국의 여름 최고 기온은 매년 사상 최고를 갱신하고 있습니다. 반대로 겨울에 기온이 급격하게 떨어지기도 해요. 사계절이 뚜렷한 지역은 1년 중 폭염과 한파, 폭우와 폭설을 겪으며 롤러코스터 같은 기후를 견뎌내야 하는 게 일상입니다.

　　극한 날씨 중에 가장 잦은 현상은 무더위예요. 2023년 방글라데시, 파키스탄, 태국, 라오스, 인도 등 동남·남아시아 지역은 4월 낮 기온이 45도까지 올라갔습니다. 습도가 높은 태국에서는 체감 기온이 50도까지 치솟았고, 인도에서는 학교에 휴교령을 내리고 성인들도 되도록 외출하지 말라는 정부 권고가 나오기도 했어요. 아열대 기후인 동남·남아시아는 4월에 보통 30도 중반 정도까지 기온이 올랐다가 5월 우기가 되면 한풀 꺾입니다. 하지만 이 법칙이 더는 통하지 않게 됐습니다. 봄부터 여름까지 기온이 계속 올라가는 무더위가 이어지는 거예요.

특히 인도와 파키스탄 등 남아시아에서 3월부터 극도로 습한 폭염이 발생할 확률은 기후변화 발생 전보다 30배나 키졌다고 해요. 과거에는 100년에 한 번 찾아올까 말까 했던 수준의 폭염이 이제 5년마다 발생할 수도 있습니다. 아시아뿐 아니라 같은 기간 미국에서도 북서부 시애틀, 포틀랜드의 4월 기온이 32도까지 올랐고 영국, 프랑스, 스페인, 포르투갈 등 유럽 전역도 매년 봄과 여름이면 40~50도까지 기온이 치솟는 탓에 온열 환자들이 속출합니다.

기온뿐 아니라 눈과 비도 극한 날씨를 만들어요. 강수량이나 적설량이 극단적으로 많거나 적어서 일상을 무너뜨립니다. 캐나다 앨버타주에서는 봄철에 갑자기 고온의 건조한 날씨가 찾아와 2023년 5월 한 달 동안 90건 넘는 산불이 발생했습니다. 게다가 6월에는 산에서 400건 넘게 불이 나 비상사태가 선포됐어요. 결국 주민 수십만 명이 대피해야 했습니다.

유럽에서는 2022년 겨울 500년 만에 극심한 가뭄이 들었습니다. 프랑스는 1959년 기상 관측을 시작한 이후 가장 오랫동안 비도, 눈도 오지 않았다고 해요. 무려 32일 동안 강수(우)량이 0을 기록했어요. 시민들은 사용하는 물을 최대 40퍼센트까지 줄여야 했고, 수영장에 물을 채우거나 세차하는 것을 아예 금지하는 지역도 생겼어요.

한국에서도 2022년부터 2023년까지 남부 지역이 1973년 이후 50년 만에 가장 심각한 가뭄에 시달렸습니다. 전남 완도 일부 섬에서는 일주일에 단 하루만 물이 공급되는 단수 사태가 거의 1년 동안 이어지기도 했어요. 저수지마다 바닥을 드러냈고, 한국전쟁 때도 전기를 생산했던 수력발전소마저 가동을 멈췄습니다. 물 부족에 시달리는 주민들을 위해 보성강 물을 주암댐으로 보내면서, 전남 보성강 발전소가 1937년 가동을 시작한 이후 86년 만에 처음으로 멈춘 거예요.

온난화로 지구 어딘가에 열에너지가 쏠리면 생각지도

온난화가 초래한 극한 날씨로 전 세계가 위협을 받고 있다. 2013년 필리핀에서는 슈퍼태풍 하이옌이 발생해 1만 명 이상이 목숨을 잃었다.

못한 극한 날씨를 초래해 인간을 위협하기도 합니다. 2013년 필리핀에서는 순간 풍속이 무려 시속 379킬로미터에 달하는 슈퍼태풍 하이옌이 발생했습니다. 보통 초속 15미터의 바람이 불면 성인이 날아갈 수 있고, 초속 35미터가 넘으면 기차가 탈선합니다. 1초에 무려 105미터를 전진하는 태풍의 위력은 무지막지했어요. 엄청난 에너지로 바닷물을 마치 쓰나미처럼 몰고 와 모든 것을 쓸어가는 바람에 1만 명 이상이 목숨을 잃었습니다.

2017년 미국 텍사스주 휴스턴에서 발생한 허리케인 하비는 폭우를 불러 텍사스 일대 약 1400제곱킬로미터를 침수시켰습니다. 이 면적은 시카고와 뉴욕을 합한 것과 맞먹을 만큼 넓습니다. 엿새 동안 쉬지 않고 내린 비의 양은 무려 125센티미터로 미국 역사상 최고로 많았습니다. 심지어 지구 전체를 2센티미터 두께로 덮을 수 있는 양이라고 해요.

독일에서는 2021년 여름 1000년 만의 대홍수가 났습니다. 건물과 도로, 상하수도가 붕괴되고, 라디오와 휴대전화 등 통신이 끊기고, 급류에 휩쓸리는 사고가 일어나 수백 명이 사망했습니다. 독일은 세계에서 가장 빨리 화력발전을 재생에너지로 전환하는 등 기후위기에 모범적으로 대응해왔던 나라이기에 전 세계가 충격을 받았습니다. 기후위기는 한 지역, 한 국가의 노력만으로는 극복하기 힘들다는 것도 명백해졌으니까요.

스페인은 최근 몇 년 동안 여름만 되면 40도가 넘는 무더위에 가뭄과 산불로 시달렸습니다. 여름에서 가을로 넘어가는 2022년 9월, 스페인의 카탈루냐에는 지름이 10센티미터나 되는 우박이 쏟아졌습니다. 야구공보다 큰 우박이 폭풍과 함께 몰아치면서 인명 피해까지 발생했습니다.

무지막지한 크기의 우박이 내린 원인은 비정상적인 여름 날씨 탓일 가능성이 크다고 해요. 우박은 주로 대기가 불안정할 때 적란운에서 잘 형성됩니다. 더운 공기가 순식간에 상승해 수증기가 대기층 위에서 얼음이 되면 다시 하강하는데, 여름엔 지층 공기가 워낙 뜨거우니 또다시 위로 올라갑니다. 상승과 하강을 반복하면서 얼음이 얼고 녹는 과정이 거듭될수록 우박의 크기가 커지는 거예요.

더위, 폭우, 가뭄, 우박 등 매년 신기록을 세우는 극한 날씨는 금방 또 갱신될지도 모릅니다. '기후변화에 관한 정부 간 협의체IPCC'는 2014년과 2018년 작성한 특별 보고서에서, 21세기 말 인류는 지난 1만 년 동안 겪은 것보다 더 큰 기후변화를 겪을 수 있다고 경고했습니다.

산불이 자주 나면
생기는 일

평균 기온이 상승해 겨울은 일찍 끝나고 봄이 빨라지면서 생긴 나쁜 소식은 하나 더 있습니다. 산불이 잦아졌다는 것이에요. 한국에서도 특히 4월은 정부와 지자체들이 비상 대책을 세울 정도로 전국에서 불이 자주 납니다.

2023년 초봄이었던 4월 2~4일 사흘간 전국 산불 발생 건수는 총 53건입니다. 3일 만에 불이 이렇게나 많이 났던 적은 한 번도 없어요. 충남 홍성, 충남 금산, 대전, 전남 함평, 전남 순천, 경북 영주…. 화재 지역도 전국적입니다. 인명 피해는 없었지만 95개 건물과 산림 3091헥타르가 불탔습니다. 불에 탄 면적이 100헥타르가 넘는 대형 산불도 다섯 건이나 됐습니다.

산불이 잦은 이유는 기온이 높고 건조하기 때문이에요. 2023년 1~3월 강수량은 전국 평균 85.2밀리미터로 예년 강수량(120.6밀리미터)보다 훨씬 적었습니다. 1년간 내리는 비는 여름철 집중호우 때문에 최근 30년 평균 강수량이 이전 30년보다 135.4밀리미터나 늘어났지만, 비가 오는 날은 20일 이상 줄었다고 해요. 비가 올 확률은 줄었는데 한 번 오면 많은 양이 세차게 내리는 거죠.

그래서 비가 내리지 않을 때는 이전보다 오랜 시간 땅과 나무가 마릅니다. 게다가 바람이 많이 부는 봄에는 작은 불씨가 빠르게 퍼집니다. 강원도는 봄철에 초속 20미터 태풍급 바람이 부는 데다, 솔잎이 불쏘시개 역할을 하는 침엽수가 많아 유독 피해가 컸습니다.

기후변화로 인한 대형 산불은 전 지구적인 현상이라고 해요. 2019년 호주 동부에서 시작된 산불이 6개월간 이어져 남한 면적보다 넓은 1800만 헥타르가 불타고, 10억 마리가 넘는 동물이 희생됐어요. 특히 호주를 대표하는 동물인 코알라는 6만 마리 이상 죽거나 다치고 서식지를 잃

2021년 7월 29일 튀르키예 안탈리아의 마나브가트에서 대규모 산불이 발생했다. 튀르키예를 비롯해 지구 곳곳이 해마다 대형 산불로 큰 피해를 입고 있다.

었습니다. 미국 캘리포니아에서는 2020년에 이어 2021년에도 최악의 산불이 발생했어요. 이곳에서는 송전탑까지 타버려 정전 사태가 일어났습니다. 튀르키예, 그리스, 스페인 등에서도 매년 대형 산불을 겪고 있어요.

　산에서 일어나는 화재는 더 넓은 지역에서 더 오랫동안 발생하는 대형 산불이 점점 잦아지고 있습니다. 2023년 봄 캐나다에서는 4월에 시작된 산불이 6월까지 계속되면서 남한 면적의 3분의 1이 불에 탔어요. 퀘벡주에 사는 주민 1만 2000여 명은 피난을 떠났습니다. 하루에 불이 붙은 지역만 400곳 넘어 진화 작업을 하기에도 벅찬 지경이었다고 해요.

넓은 지역 곳곳에서 나무에 불이 붙자 피해는 캐나다 국경을 넘어 인근 국가까지 번졌습니다. 연기가 이웃한 미국 동부 워싱턴과 뉴욕까지 뒤덮은 거예요. 미국 환경보호청EPA은 미세먼지 등 공기 중 오염물질 농도를 측정해 6단계 등급으로 나누고, 녹색부터 노랑 → 주황 → 빨강 → 보라 → 적갈색까지 색깔로 나쁜 수준을 알립니다. 당시 워싱턴에는 사상 처음으로 '코드 퍼플Code Purple' 경보가 발령됐어요. 이 신호가 내리면 되도록 밖으로 나가지 말아야 하고, 외부에서 활동해야 하는 경우 N95 마스크를 착용해야 합니다.

산불은 대기에 오염 물질뿐 아니라 탄소도 뿜어냅니다. 불이 자주 날수록 기후변화의 원인이 되는 탄소 배출량이 늘어나는 거예요. 유럽에서 위성 센서로 대기 정보를 관측하는 CAMS(코페르니쿠스 대기 모니터링)라는 곳에서 분석해보니, 2021년 산불로 인한 유럽 지역의 이산화탄소 배출량은 무려 6450메가톤Mt에 달했어요. 이전까지 유럽연합 EU 27개국이 1년에 배출하는 이산화탄소가 평균 2600메가톤(2020년)인데, 두 배가 넘는 탄소가 산불로 배출된 겁니다.

이 말은 산에 불이 나면 수십 년, 수백 년 자란 나무가 한순간에 타버려 생태계가 파괴되기도 하지만, 불이 나면서 배출되는 엄청난 이산화탄소가 지구 온난화에 영향을 미치는 악순환을 만든다는 의미입니다. 기후변화로 발생한 산불이 또 다른 기후변화의 원인이 되는 거예요. 유엔환경계획UNEP은 전 세계에 더 강한 산불이 더 빈번하게 일어나 피해 면적이 2030년에는 지금보다 14퍼센트, 2050년 30퍼센트, 21세기 말에는 50퍼센트까지 늘어날 것으로 예측했습니다.

지구를 지키기 위해
남은 시간 '기후위기 시계'

째깍째깍 마치 시한폭탄의 타이머처럼 시간이 흘러가는 것을 보여주는 '기후위기 시계'는 인류가 직면한 기후변화의 심각성을 알리려는 상징적인 도구입니다. 사안의 시급성을 보여줘 변화된 행동을 할 수 있도록 자극하는 것이에요.

뜨거워진 지구에서 극지방 빙하가 녹고, 해수면이 상승하며, 식물과 동물 그리고 인간도 삶의 터전을 잃어버리고 있습니다. 자연 생태계를 변화시켜 생물 다양성을 파괴하고 인류의 문명도 위협하고 있지요. 지구가 되돌릴 수 없는 지경에 이르지 않으려면 우리에게 남은 시간 동안 최선을 다해 탄소 배출을 줄여 지구 온난화를 막아야 한다는 메시지를 보내는 겁니다.

기후위기 시계는 2015년 캐나다 콘코디아대학교의 기후학자 데이먼 매튜스 등이 대학 내 휴먼 임팩트 랩이라는 기구에서 온라인 기후위기 시계를 공개하면서 처음 등장했습니다. 지구 변화 상황을 시민들이 측정할 수 있는 기준을 제시하자는 취지였다고 해요. 같은 해 유엔 기후변화 회의에서는 모든 당사자 국가가 지구 평균 기온 상승 폭을 산업화 이전 대비 2도 이하로 유지하고 1.5도로 제한하기 위해 노력한다는 파리협정을 채택했지요.

시계가 가리키는 시간은 지구 기온이 산업화 이전인 1861~1880년 평균 기온보다 1.5~2도 높아질 때까지 걸릴 시간을 의미합니다. 현재 탄소 배출 규모와 속도대로라면 1.5도 상승까지 얼마나 빠르게 접근하는지 보여줍니다. 산업화보다 기온 상승 폭을 1.5도로 제한하는 것은 지구 생태계에 중요한 임계치거든요.

기후학자들은 지구 온도가 1도 상승할 때마다 폭염, 폭우, 가뭄, 산불 등을 비롯한 재난에 가까운 극단적인 기상

캐나다의 기후학자 데이먼 매튜스 등이 만든 기후위기 시계.

현상이 급증하고, 이 때문에 빙하가 전부 녹아 돌이킬 수 없는 상태가 될 수 있다고 경고합니다. 해수면 높이 역시 기온이 1.5~2도 상승할 때 더 빨리 높아지며, 2도 이상 올라가면 바닷속 산호가 멸종할 수 있다는 연구도 있어요.

　연, 월, 일, 시, 분, 초 단위로 표시되는 기후위기 시계의 시간은 과학적으로 데이터를 분석해 전문가들이 결정합니다. 매년 4월 22일 지구의 날 일주일 전 시계를 멈춘 뒤, 지구의 남은 시간을 계산해 지구의 날마다 새로 시간을 맞춥니다. 전보다 남은 시간이 줄었다면 지금까지 탄소 감축 노력이 효과를 보지 못할 정도로 온실가스가 늘어났다는 뜻이겠지요. 시간은 1870년 이후 화석연료, 시멘트 제조, 토지 사용 등에 따른 누적 탄소 배출량, 최근 5년간 평균 온난화 속도 등을 반영해 계산합니다. 각국이 파리협정 등을 계기로 에너지를 전환하려 노력하고 있지만 매년 극한 날씨가 반복돼 그 노력이 무색해지기도 해요.

2010~2015년 사이 연간 평균 1.5퍼센트씩 늘었던 탄소 배출량은 2016~2019년 약 1퍼센트씩 증가해 속도가 다소 늦춰졌어요. 코로나19 바이러스 확산으로 전 세계의 이동이 봉쇄되면서 2020년에는 5퍼센트 이상 감소했어요. 하지만 2021년에는 2019년 수준으로 회복돼 최근에는 연간 약 0.5퍼센트씩 상승하는 추세입니다.

2015년 시계가 처음 가리킨 시간은 2043년 11월이었어요. 2016년에는 2032년 7월까지 앞당겨졌다가 2017년 다시 2045년 11월로 늦춰졌습니다. 2024년에 업데이트된 시계는 2030년 12월을 향해 달려가고 있습니다. 여러

분도 한번 검색해보세요. 지구의 위기까지 시간이 얼마나 남아 있나요?

이밖에도 지구 위기를 보여주는 시계들은 다양합니다. 미국 미디어 그룹인 블룸버그는 지구 대기 중 이산화탄소 농도를 월 평균치로 표시하는 탄소 시계를 2015년 공개했습니다. 전 세계 이산화탄소 배출량을 측정하는 독일 연구기관 MCC의 탄소 시계도 지구 온도가 산업화 이전 수준보다 1.5도 상승하기까지 남은 시간을 표시합니다.

미국 뉴욕 맨해튼 중심 광장인 유니온스퀘어 건물에는 커다란 전자시계가 2020년에 붙었습니다. 기후 활동을 하는 예술가들이 광장의 상징 메트로놈 조형물을 개조해 기후 시계로 만들었어요. 도심을 오가는 시민들 누구나 볼 수 있도록 말이죠. 2019년 독일 베를린에 처음 걸렸던 이 시계는 2021년 서울 용산구 후암동에도 가로 8.5미터, 세로 1.8미터 크기로 마련됐습니다.

2장

기후소멸

기후소멸

높아지는
해수면

지구 바닷물의 높이가 수십 년째 계속 높아지고 있습니다. 전 세계 해수면이 1993~2002년에는 1년에 평균 2.1밀리미터씩, 2003~2012년 사이엔 매년 2.9밀리미터씩, 2013~2021년에는 연 평균 4.4밀리미터씩 상승했습니다. 2021년에는 8개월 만에 4.5밀리미터가 높아져 그동안의 속도를 뛰어넘었고요. 30년이 채 안 되는 시간에 해수면은 9센티미터가 넘게 높아진 거예요. 산업화 전인 1880년과 비교하면 2021년까지 140여 년 동안 해수면은 20센티미터나 올라왔습니다.

이렇게 바닷물이 점점 상승하는 이유는 두 가지입니다. 우선 지구 온난화로 공기뿐 아니라 바닷물 온도도 높아져 물이 팽창하기 때문입니다. 바다는 온실가스로 뜨거워진 지구의 열에너지 중 90퍼센트 이상을 흡수합니다. 그래서 1960년대 이후 전 세계의 바다 수온은 평균 0.52도 올라갔다고 해요.

바다는 대기 기온이 높아지면 열을 더 많이 흡수해 수온이 오르면서 물의 부피가 커집니다. 그래서 해수면 높이를 밀어 올리는 것입니다. 특히 한국을 둘러싼 바다의 변화는 지구 평균치보다 훨씬 큽니다. 1968년 16.1도에서 2021년 17.45도로 약 1.35도나 높아졌어요. 우리나라 해역의 수온 상승률이 2.5배에 달해 해양 온난화가 훨씬 심화됐다는 걸 알 수 있습니다.

점점 더 많은 빙하가 녹아 바다로 흘러가는 현상도 해수면 상승의 또 다른 원인입니다. 이것도 역시 온난화로 인한 현상이지요. 프랑스 툴루즈대학교 연구팀이 분석한 결과를 보면 21세기 들어서만 매년 2700억 톤의 빙하가 물이 됐다고 해요. 20년간 녹은 빙하의 양은 전 세계 해수면 상승의 5분의 1을 차지할 만큼 많습니다. 기온이 높아지면 빙하뿐 아니라 육지 위 얼음과 계속 얼어 있었던 땅까지 녹아 바다로 흘러가지요.

지구 온난화로 수천 년 넘게 얼어 있던 것들까지 녹아 내리면서 지구 생태계의 여러 모습이 사라지고 있습니다. 기후변화로 당연하지 않게 된 평범한 지구의 일상들 말입니다.

가라앉는 섬에
사는 사람들

호주와 하와이 사이 남태평양에 투발루라는 섬나라가 있습니다. 서울시 영등포구 면적과 비슷한 약 26제곱킬로미터 땅에 1만 1800명 정도가 살고 있지요.

우리에게는 조금 낯선 투발루의 외교부 장관이 2021년 전 세계의 주목을 받은 적이 있습니다. 양복에 넥타이를 맨 장관은 실시간으로 생중계되는 연설을 했는데, 마지막 장면에서 그가 서 있는 곳을 비췄습니다. 허벅지까지 물이 차오른 바닷가에서 위태롭게 서 있는 모습은 보는 사람들에게 큰 인상을 남겼어요. 제26차 '기후변화에 관한 유엔

기본협약UNFCCC(유엔기후변화협약)' 당사국총회COP26에 참여한 장관은 지구 온난화로 해수면이 높아져 나라가 점점 잠기고 있는 투발루의 현실을 보여주기 위해 연설 장소를 바다로 선택했다고 설명했습니다.

유엔에서 온난화 등을 연구하는 기관인 '기후변화에 관한 정부 간 협의체IPCC'는 기후변화를 당장 멈추지 못하면 2100년에 지구 해수면이 지금보다 1미터 더 높아질 수 있다고 경고합니다. 평균 해발고도가 2미터인 투발루는 전체 섬 아홉 개 가운데 두 개가 이미 물에 잠겼습니다. 나머지 국토의 많은 부분도 물에 잠기고 있지요. 매년 0.5센티미터씩 바닷물이 높아지고 있는데, 이 추세대로라면 50년 안에 모든 섬이 물속으로 사라질 것입니다.

해수면 상승으로 해안선이 침식되면서 폭풍 등이 불어닥치면 심각한 타격을 입기도 해요. 해안가 마을에는 바닷물이 넘쳐 홍수가 일어나고, 강과 지하수에도 소금을 머금은 바닷물이 흘러들어와 먹는 물이 부족해져 살아가기 힘든 환경이 됐거든요. 침수 피해가 잦아지다 보니 투발루에서는 살기 위해 다른 나라로 떠나는 사람들도 생겨나고 있어요. 모든 땅이 바닷속으로 사라지거나 모든 땅이 사람이 살 수 없는 지경이 될 것에 대비해 투발루는 가상공간인 메타버스에 디지털 국가를 건설하는 방안도 고민하고 있습니다. 어떻게든 역사와 문화는 보존해 후대에 전하기 위해서라고 해요.

1200개의 섬으로 이루어진 인도양의 몰디브는 국토의 80퍼센트가 해발고도 1미터 미만이라 상황이 더 심각합니다. 2100년 해수면이 1미터 높아지면 나라 전체가 수몰될 위기예요. 그래서 몰디브 정부는 공항 인근 산호가 많은 지대 위에 모래를 쌓아 사람들이 이주해 살 수 있도록 해발고도 2미터 높이의 인공 섬을 조성했어요. 국토 대부분이 해발 4.5미터를 넘지 않는 방글라데시와 인도네시아, 키리바시도 해수면 상승으로 나라 일부가 물에 잠겼습니다.

해수면이 상승하는 원인의 절반은 열팽창이고, 빙하(22퍼센트)와 빙상(20퍼센트)이 녹는 것이 절반 가까이 영향을 미칩니다. 빙상 손실 속도를 1992~1999년과 2010~2019년으로 나눠서 비교하면 네 배나 빨라졌다고 해요. 탄소 감축 목표를 제때 달성하지 못해 남극 육지의 빙상들이 모두 녹을 경우 해수면이 무려 58미터나 상승한다는 분석도 있습니다.

섬나라 몰디브의 구라이두. 몰디브는 국토의 80퍼센트가 해발고도 1미터 미만이라 해수면이 1미터 높아지면 나라 전체가 수몰될 위기에 처했다.

　세계 인구 가운데 11퍼센트는 바닷물 높이보다 10미터 남짓한 높이의 저지대 해안가에 삽니다. 기후변화를 멈추지 못하면 생활 터전을 잃고 일상이 파괴되는 사람이 그만큼 많다는 의미겠지요. 기후변화로 태풍과 폭풍은 더 거칠어졌고, 해안 침식도 심해 지대가 낮은 지역의 피해는 더 커질 겁니다.

　지구 해수면이 얼마나 더 높아질지는 지금부터 어떻

게 행동하느냐에 따라 달라질 수 있다고 해요. 상승하는 것을 완전히 멈출 수는 없어도 화석연료 사용을 막아 탄소 배출을 최소화해, 2100년 지구 기온이 산업화 전보다 1.5도 오르는 데 그친다면(SSP1-1.9) 해수면은 28~55센티미터 높아질 것입니다. 하지만 화석연료를 가장 많이 땠던 1990년대 수준으로 계속 사용해 기온이 4도 이상 높아진다면 해수면은 63~101센티미터(SSP5-8.5)까지 올라갈 수 있습니다.

꿀벌
실종 사건

"월동 전까지 분명히 200통에 벌이 있는 것을 확인했는데, 나중에 벌을 깨우려고 보니 40통에만 벌이 있었어요. 꿀벌들은 어디론가 사라져버렸고 벌통은 전부 텅텅 비어 있었습니다."

해충 피해도 없었는데 농장마다 벌이 사라져 난리가 났습니다. 벌통 한 개당 꿀벌이 1만~1만 5000마리가 살고 있으니, 100통이 비었다면 무려 100만~150만 마리의 꿀벌이 자취를 감춰버린 셈이지요. 꿀벌 실종 사건은 처음에 남부 지역의 문제였다가 강원과 충청, 경기까지 피해가 퍼졌습니다. 2022년 전국에서 사라진 꿀벌은 78억 마리로 추정됩니다. 한국에 서식하는 꿀벌의 17.8퍼센트나 되는 숫자예요. 2023년에는 최소 100억 마리 이상이 사라질 수 있다고 해요. 도대체 벌들은 어디로 간 걸까요?

꿀벌 실종에는 한 가지 단서가 있었습니다. 꿀벌의 먹이가 먼저 사라지기 시작했다는 겁니다. 꿀벌에게 가장 중요한 영양 공급원은 꿀입니다. 벌이 꿀을 얻으려면 열심히 꽃을 옮겨가며 꽃가루를 모아야 해요. 그런데 2월부터 4월까지, 늦겨울부터 봄철 사이 기온이 높아져 봄꽃이 빨리 피기 시작했지요. 꿀벌들은 벌통 밖 온도가 따뜻해지면 본능적으로 겨울잠에서 깨 꿀을 따러 벌통에서 나와 활동합니다.

그런데 5월과 6월 사이, 가장 많은 꿀이 생성되는 아까시나무에 꽃이 피는 초여름에 이상 기온으로 날씨가 갑자기 추워졌습니다. 비가 내리고 강풍도 불었습니다. 온도에 민감한 꿀벌은 추위를 많이 타 조금만 기온이 낮아져도 힘을 잃어 날아다니지 못해요. 게다가 꽃도 없어져 제대로 먹지도 못했습니다. 결국 꿀벌의 집인 벌통으로 돌아오지 못하고 죽은 것으로 양봉업계에서는 추측하고 있습니다.

봄철 기후변화를 견딘 꿀벌도 배가 고프기는 마찬가

지였지요. 벌이 가장 살기 좋은 벌통 안 온도는 34~35도, 습도는 60퍼센트 정도라고 해요. 그런데 초여름부터 폭우와 폭염이 반복되면서 꽃이 많지 않아 꿀을 따기 좋지 않은 환경이 됐습니다. 특히 높은 습도로 날개를 말리려면 날갯짓을 더 많이 해야 하기에 체력이 금방 떨어집니다. 움직임이 많아지고 노동도 많이 하다 보니 수명도 짧아졌습니다.

특히 꿀벌은 겨울이 춥지 않을수록 일을 더 많이 해야 합니다. 여왕벌이 따뜻한 기온에 겨울인 줄 모르고 계속 알을 낳거든요. 알을 키우기 위해 겨울잠을 자야 하는 월동 시기에도 일하면 벌들이 약해질 수밖에 없습니다. 꿀벌의 활동 주기가 기후변화로 무너지면서 벌통 밖에서 죽는 현상은 이미 2000년대부터 미국과 유럽에서 발견돼 '꿀벌 군집 붕괴 현상colony collapse disorder·CCD'이라는 이름이 붙을 정도로 흔한 일이 돼버렸습니다.

지구 온난화에 따른 기후변화로 생활이 붕괴된 건 꿀벌만이 아니에요. 전 세계 기온이 2도 올라가면 곤충은 18퍼센트, 식물은 16퍼센트, 척추동물은 8퍼센트가 서식지를 잃게 됩니다. 스코틀랜드에 사는 눈토끼는 겨울철 포식자나 인간의 사냥을 피해서 보호색으로 털갈이하는 습성이 기후변화로 오히려 스스로를 위협하게 됐습니다.

높은 산 위에 서식하는 눈토끼는 여름철 회갈색인 털이 겨울에 흰색으로 바뀝니다. 눈이 녹으면 바위와 비슷한 보호색으로, 눈이 내리면 눈과 비슷한 보호색으로 털갈이를 하는 거예요. 그런데 기후변화로 토끼의 이런 위장술이 소용없어졌어요. 토끼들의 서식지에 첫눈이 내리는 날은 1960년대보다 평균 나흘이나 늦어졌고, 기온도 0.1도 이상 높아지면서 눈이 내려 쌓여 있는 날이 과거보다 훨씬 줄어든 거예요.

겨울을 앞두고 토끼는 털갈이로 흰색이 됐지만, 눈이 오지 않았다고 상상해보세요. 회색 바위 위에 앉아 있는 흰 토끼는 포식자의 눈에 너무 잘 띄지 않을까요? 이렇게 눈토끼 털 색깔이 주변 환경과 맞지 않아 보호색이 오히려 위험해지는 기간이 1년에 한 달이 넘는 35일이나 늘었다고 해요. 이렇게 되면 토끼가 잡아먹힐 확률은 7~14퍼센트나 커집니다. 더는 보호색이 아닌 털 색깔이 산속을 안전하게 다니기 힘들게 만들어 버렸습니다.

지구를 구할 씨앗에
찾아온 위기

노르웨이 최북단인 스발바르제도는 '차가운 해변의 땅'이라는 뜻의 지역입니다. 실제로 면적의 60퍼센트가 빙하로 덮여 있고, 1300킬로미터만 더 가면 북극이 나오는 추운 곳이에요. 사람이 살기에는 척박한 섬이지만 이곳에는 지구를 위기에서 구할 보물 창고가 있습니다. 전 세계의 씨앗을 모은 '국제종자저장고Global Seed Vault'입니다. 100만 종 이상의 씨앗이 5억 개 정도 보관돼 있다고 해요. 지구상에 존재하는 거의 모든 종자가 모여 있어요.

세계은행의 지원을 받아 노르웨이와 국제농업연구자

문그룹CGIAR이 2008년부터 운영 중인 저장고는 천재지변과 전쟁 등으로 곡물을 비롯한 지구의 식물이 멸종하는 상황이 되더라도 언젠가 부활할 수 있도록 준비하는 공간입니다. 핵폭발로 모든 것이 사라질 수도 있고, 기후변화로 작물 재배 환경이 급변하면서 식물이 고사하거나 열매를 맺지 못하게 될 수도 있으니까요. 식물 다양성을 위한 최후의 보루인 국제종자저장고를 기독교 성경에 등장하는 '노아의 방주'에 빗대기도 해요.

이렇게 중요한 저장소가 스발바르에 있는 이유는 무엇일까요? 바로 이곳이 차갑고 메마른 땅이기 때문이에요. 석탄이 매장된 이 섬에서는 과거에 영구 동토층을 뚫어 석탄을 캐는 광산업이 발달했습니다. 이후 산업이 쇠퇴하면서 탄광도 버려졌는데, 폐탄광은 씨앗을 보관하기 안성맞춤이었어요. 2년 이상 토양 온도가 0도 이하로 언 상태가 유지되는 영구 동토층에 만든 공간은 아무리 기온이 올라가도 영하 3.5도를 유지하는 천연 냉장고였거든요. 여기에 규모 6.2 강진을 견디는 내진 설계를 갖추고, 찬바람을 끌어들여 내부 기온을 영하 18도까지 낮춘 저장고를 지었습니다. 암석에 120미터 깊이 굴을 파고 가로 10미터, 세로

27미터 크기로 완성한 저장고에는 씨앗을 25억 개까지 보관할 수 있다고 해요.

핵전쟁을 포함해 지구에 어떤 위험이 닥쳐도 미래에 다시 생명을 틔울 씨앗을 지키는 종자보관소에도 최근 위기가 찾아왔습니다. 녹지 않을 거라고 믿었던 영구 동토층이 녹기 시작한 것입니다. 땅속 깊이 박은 저장소의 콘크리트 구조물이 땅이 녹으며 외부로 드러나 보수 공사를 해야 했어요. 또 출입문보다 1.5미터 낮은 곳에 마련된 저장고로 빙하가 녹으면서 물이 들어와 시설이 침수되기도 했습니다. 다행히 씨앗들은 안전했어요.

종자보관소를 위협한 것은 기후변화였습니다. 2021년 10월 스발바르의 기온이 평년보다 10도나 높은 0도까지 올라간 거예요. 물론 저장소는 해수면보다 130미터나 높은 곳에 있어 북극을 비롯해 남극과 그린란드 등 지구의 얼음이 모두 녹아도 잠기지는 않을 거예요. 하지만 기후변화로 저장고를 고칠 일이 잦아지면 장소를 옮겨야 할지도 모르겠습니다.

영구 동토층과 빙하가 녹는 현상은 종자저장소뿐 아니라 인류의 위협이기도 합니다. 바다로 흘러든 물이 해수

노르웨이의 스발바르는 북극 체험지로도 유명하다. 이곳은 2021년 10월 기온이 다른 해보다 10도나 높았으며, 영구 동토층이 녹기 시작했다.

면을 상승시키는 한편 꽝꽝 언 땅속에 수천 년간 갇혀 있던 이산화탄소와 바이러스가 깨어날 수도 있습니다. 영구 동토에는 메탄과 이산화탄소 등이 현재 지구 대기의 최소 두 배 농도로 포함돼 있다고 해요. 이 탄소들이 공기 중에 배출되면 지구 온난화를 가속화하는 요인이 될 수 있습니다. 얼어 있던 바이러스가 녹아 번식력을 갖게 되면 코로나19 확산 때와 같은 전염병 사태가 또다시 일어날 위험도 있지요.

특히 영구 동토는 북극과 남극 등 대부분 고위도에 분

포합니다. 탄소 배출로 이 지역의 기온이 올라 만년설과 빙하가 녹는 속도를 더 빠르게 할 수도 있어요. 2100년까지 지구 기온이 2도 올라가면 세계 영구 동토층의 약 40퍼센트가 사라질 것이라고 해요. 영구 동토가 녹으면서 나온 탄소는 지구 온도를 0.13~0.27도 더 높인다는 예측도 있고요.

과학자들은 이렇게 지구 기온을 높이는 요인들이 증가하면 북극 바다의 얼음인 해빙은 2030년이면 완전히 사라질 수도 있다고 경고합니다. 핀란드 기상연구소는 연구를 통해 1989년 여름 1219만 8125제곱킬로미터 크기였던 북극 해빙이 2022년 여름 1039만 1250제곱킬로미터로 줄었다는 사실을 확인했습니다. 남한 크기의 18배가 사라진 거예요. 과거에 예상했던 것보다 10년이나 빨라진 속도로 말입니다. 온실가스 배출량을 줄여도 해빙의 소멸 시간을 2050년 여름으로 늦출 뿐 소멸 자체를 막기는 어려울 수 있다고 해요.

전 세계 빙하도 빠르게 녹고 있습니다. 알프스 빙하는 20세기 들어 500개가 사라졌고, 남아 있는 4000여 개도 2100년까지 90퍼센트가 사라질 위험에 처해 있습니다. 히말라야와 안데스산맥에는 녹은 빙하가 고인 호수가 고지

대에 생겨나고 있어요. 위성사진으로 전 세계 빙하호를 조사했는데, 2018년에 1만 4000개 넘게 발견됐다고 해요. 1990년과 비교하면 53퍼센트가 늘어난 수치입니다. 호수에 차 있는 물의 부피도 48퍼센트가 증가했습니다.

그런데 빙하 호수의 물 양이 계속 많아지면 인근 지역에 홍수가 발생할 위험이 커져요. 파키스탄은 극지방을 빼면 세계에서 빙하가 가장 많은 국가입니다. 7000개가 넘는 빙하가 있어요. 이 지역에서는 2022년 국토의 3분의 1이 잠기는 대홍수가 일어났습니다. 이재민이 800만 명이 넘었고 경제적 손실은 300억 달러, 한국 돈으로 39조 8700억 원에 달하는 피해를 봤다고 해요. 평소보다 많은 비가 내리기도 했지만 기후변화로 녹아내린 빙하가 더 큰 물줄기를 만들어 도시를 덮치면서 범람 규모가 커졌다는 분석도 있습니다.

언어도
물에 잠긴다

　더워진 지구는 자연 생태계만 바꿔놓는 게 아닙니다. 사람들이 모여 사는 사회의 모습에도 변화를 가져옵니다. 소통하고 관계를 맺는 데 필요한 인간의 언어를 사라지게도 합니다. 유네스코는 현재 전 세계에서 사용 중인 약 7000개의 언어 가운데 2100년이면 절반이 사라질 것으로 예측합니다. 사람들이 돈을 벌기 위해 일자리가 있는 대도시로 이동하면서 영어와 같은 공용어를 쓰는 비율이 늘어난 탓도 있지만, 기후변화도 큰 원인입니다.

　해수면 상승으로 물에 잠기는 도시나 국가의 시민들

은 새로운 삶의 터전을 찾아 이주해야 해요. 같은 언어를 쓰던 사람들이 뿔뿔이 흩어지겠지요. 고향을 떠난 이들은 자신들의 언어를 쓸 기회가 점점 줄어들겠지요. 언어는 소통의 수단을 넘어 역사와 지혜가 함축된 문화입니다. 북극에 사는 이누이트족의 언어에는 얼음과 눈을 설명하는 다양한 단어가 존재한다고 해요. 말을 사용하지 않으면 이런 고유의 문화가 사라지고 역사가 후대에 전달되는 통로를 잃어버릴지도 모릅니다.

남태평양 섬나라 바누아투는 군도 전체에서 약 110가지의 언어를 사용합니다. 그런데 해수면이 상승해 수몰될 위험에 처하면서 언어의 다양성에도 위기가 찾아왔다고 해요. 유엔이 언어 소멸을 막기 위해 2032년까지를 '세계 토착어 10년'으로 선포하고 소수 언어 보호에 나선 이유입니다.

최근에 '기후이동성climate mobility'이라는 신조어가 생겼습니다. 기후위기로 거주지나 생활의 기반을 옮기는 현상을 뜻해요. 이런 상황에 놓인 사람들이 그만큼 많아졌다는 의미일 겁니다. 기후위기로 미래가 사라졌다는 생각에 슬픔과 상실감, 분노 등 부정적인 감정으로 드는 현상을 나타내기 위해 '기후우울Climate depression'이라는 말도 쓰기 시작했습니다. 정신 질환으로 공식화된 건 아니지만 환경에 대한 두려움을 지속해서 느끼는 상태를 말합니다. 생태계 파괴가 심각해졌으나, 상황을 개선할 대책이 없다는 무력감이 기후우울의 가장 큰 원인이라고 합니다. 특히 청소년과 청년층이 많이 느끼는 감정이에요. 기후불안Climate Anxiety, 생태불안Eco-Anxiety으로 표현하기도 해요.

온난화에 따른 기후변화가 심각해지는 만큼 현상을 나타내는 말도 점점 강해지고 있어요. IPCC는 2021년 발표한 보고서에서 "인간의 영향으로 대기와 해양, 육지가 온난화한 것은 명백하다unequivocal"고 밝혔습니다. 2013년 보고서에서 "기후 시스템에 대한 인간의 영향은 확실하다clear"고 했던 것보다 말투가 더 단호해졌습니다.

영국 일간지 『가디언』은 2019년부터 '기후변화' 대신 '기후위기'라는 단어를 쓰고 있어요. 유럽에 사상 초유의 가뭄이 닥쳤던 2023년에는 '기후붕괴'라며 현상을 보도했습니다. 기후학자들은 '지구 온난화'도 '지구 가열'이라고 더 확실하게 말합니다. 에둘러 표현할 여유도 없는, 심각한 상황을 강조하기 위해서겠지요.

달라지는
한반도 먹거리 지도

 교과서를 통해 한국의 지리적 특징은 중위도 온대성 기후대에 봄, 여름, 가을, 겨울 사계절이 뚜렷한 점이라는 걸 배웠을 거예요. 한랭 건조한 대륙성 고기압의 영향을 받는 겨울은 춥고 건조하지만, 고온 다습한 북태평양 고기압의 영향으로 여름은 무덥습니다. 봄과 가을에는 이동성 고기압의 영향으로 맑고 건조한 날이 많지요.

 그런데 온대 기후였던 한반도가 기후변화에 따라 점점 아열대성 기후로 변하고 있습니다. 기온이 평균 10도 이상인 날이 8개월 이상 지속되면 아열대 기후라고 정의해요. 환경부와 기상청이 발간한「한국 기후변화 평가 보고서 2020」을 보면, 한반도의 기온 상승 속도는 지구 평균보다 두 배 정도 빠릅니다. 지난 100여 년 동안 지구 평균 온도는 0.85도 상승했는데, 한국은 약 1.8도 올랐다고 해요.

날씨 변화로 식물의 생육 환경이 바뀌면서 한국인의 먹거리에도 큰 변동이 생겼습니다. IPCC가 2020년에 발표한 시나리오SSP5를 보면 2081~2100년 한국의 연평균 기온은 7도 상승할 것으로 예상됩니다. 이렇게 되면 한반도 지역마다 키울 수 있는 농작물의 종류도 달라집니다. '열대 과일' 하면 떠오르는 망고도 이미 제주도와 전남 영광, 고흥, 경남 김해에서 키울 수 있게 된 것처럼 말입니다.

예측대로 한국 날씨가 지금보다 7도 오른다면 현재 국토의 6.3퍼센트 정도인 아열대 기후대가 2030년이면 18.2퍼센트, 2050년에는 55.9퍼센트로 확대될 거예요. 과일을 비롯한 농작물을 재배할 수 있는 한계선은 점점 북쪽으로 올라가겠지요.

한국에서 나는 대표적인 과일인 사과와 배는 7도 이하에서 1200~1500시간 이상 키워야 정상적으로 수확을 할 수 있습니다. 사과는 서늘한 기온에서 품질이 좋아지기

제주도에서 키운 망고를 파는 과일가게. 한반도의 평균 기온이 올라 열대 과일인 망고가 제주도뿐 아니라 전남과 경남에서도 자란다.

때문에 한창 과일이 크는 성숙기에 너무 더우면 빨간색이 잘 나지 않아 상품 가치가 떨어진다고 해요. 보통 한반도에서 사과가 빨갛게 자라기 좋은 지역은 대구와 경남이 손꼽혔어요.

　30년 전만 해도 사과는 경상북도의 특산물이었지요. 하지만 지금은 강원도와 경기도 연천에서도 재배합니다. 앞으로는 사과를 키우기에 한반도가 너무 더워져서 2070년대에는 강원도 일부 지역에서만 재배할 수 있을지도 모

기후위기, 무엇이 문제일까?

른다고 해요. 지금처럼 계속 기온이 높아지면 사과와 배, 포도 등 온대 과수는 21세기 말쯤엔 더는 키울 수 없게 될 거예요. '유엔 기후변화에 관한 정부 간 협의체(UN IPCC)' 역시 2100년 사과는 백두대간 일부 지역에서만 자라게 될 것으로 전망했습니다.

반면 추위에 약해 겨울철 최저 기온이 높아야 잘 자라는 가을과 겨울 대표 과일인 감귤과 단감은 재배 면적이 늘어나고 있다고 해요. 제주도의 상징이기도 한 감귤은 온난화로 재배가 가능한 지역이 계속 늘어나고 있어요. 재배 한계선이 제주도에서 남해안으로 올라왔고 이제 강원도 해안 지역까지 넓어질 것으로 보입니다.

한반도에 없던 열대과일 재배량은 이미 많아졌어요. 제주도에만 있었던 바나나와 애플망고는 전남과 경남뿐 아니라 파주까지 재배지가 올라왔어요. 애플망고는 기온이 15~30도 사이에서 잘 자라는데, 최근 한국 여름 날씨가 아열대에 가까워지면서 딱 맞는 재배지가 됐습니다. 봄, 가을에는 밤에 추워져 농장에서 따로 난방을 해 온도를 맞추지만, 4~9월엔 난방이 필요하지 않다고 해요.

아열대 작목인 파파야, 용과, 올리브의 재배 면적도 꾸준히 늘었습니다. 파파야 농장은 2018년 전국에 3.5헥타르였는데, 2020년 15.1헥타르로 331.4퍼센트 증가했어요. 올리브는 2018년 0.2헥타르에서 2020년 2.5헥타르로 무려 1150퍼센트나 급증했습니다.

농촌진흥청 국립원예특작과학원이 조사해보니 망고, 패션프루트(향과), 올리브, 바나나, 파파야 등 21개 아열대 과일 재배 면적이 2010년 33.9헥타르에서 2020년 171.3헥타르로 다섯 배 이상 늘었습니다. 가장 많이 키우는 것은 망고이고, 패션프루트와 올리브, 바나나, 파파야가 그다음으로 많습니다. 쌀도 고온에서 잘 자랄 수 있는 품종으로 대체되거나 동남아 국가들처럼 수확 횟수가 더 많아질 것입니다.

전문가들은 그동안 어떤 과일이나 작물을 키울지, 어떻게 하면 더 잘 키울지를 주로 연구해 재배 기술을 발전시켰다면, 앞으로는 기후변화에 더 빨리 적응할 수 있는 품종과 재배법이 무엇인지가 중요한 연구 목표가 될 것이라고 내다보고 있습니다.

육지 농작물과 마찬가지로 바닷속 생물도 해수 온난화로 서식 환경이 변하고 있습니다. 2010년 이후 한반도 주변 해역은 여름철에 수온이 너무 높게 오르고, 겨울철 수온이 너무 낮게 떨어지는 일이 반복되고 있습니다. 게다가 2021년 7월 동해 수온은 전 지구 해역 중 평년 대비 가장 높았던 것으로 기록돼 있습니다. 모든 바다에서 기온 변화가 가장 컸다는 말이지요. 아열대 어종이 더 많이 등장하고, 바지락이나 홍합 등이 마비성 패류 독소를 발생시키는 시기도 3~4월에서 1~2월로 점차 앞당겨지고 있습니다.

바다 먹거리 가운데 가장 먼저, 가장 큰 변화를 보인 것은 무엇일까요? 그물로 잡으면 망태, 얼리면 동태, 말리면 북어, 겨울철에 얼었다 녹았다 반복한 황태, 소금을 살짝 뿌려 꾸덕 말린 짝태, 겉껍질이 검게 마르면 먹태, 동짓날 전후 함경도 바다에 몰려온 알 밴 동지받이, 음력 1~2월 봄철에 잡으면 춘태, 다 컸지만 크기가 작은 왜태, 새끼는 노가리…. 부르는 방법은 수십 가지이지만 다 똑같은 이 어류. 잡히는 시기와 잡는 지역, 잡는 법, 가공 방식에 따라 부르는 이름이 다른 명태가 주인공입니다.

한 가지 어류가 이렇게 다양한 이름으로 불리는 것은 세계에서도 찾아보기 힘든 사례라고 해요. 명태는 연중 내내 그물로 잘 잡혀 반찬뿐 아니라 제사나 고사를 지내거나 결혼을 비롯한 관혼상제를 치를 때도 등장하는 친근한 생선입니다. 많이 먹고 다양하게 활용하니 이름도 그만큼 많아진 거예요.

머리도 입도 커서 대구大口라 불리는 대구과 어류인 명태는 한류성 어종입니다. 어릴 때는 수온이 1~6도 정도인 차갑고 깊은 바다에서 살다가, 성장하면 10도 정도의 수온에서 생활합니다. 찬 바다에 사는 어류여서 북태평양에서도 동해에서만 잡히고 수온이 높은 남해와 서해에서는 거의 보이지 않아요.

명태는 북한쪽 강원도인 원산만에서 주로 산란하는데, 겨울철 북한 한류가 강해져 강원도 연안을 따라 내려오면 남한쪽 강원도 연안까지 명태 어장이 형성됐습니다. 1943년 기록을 보면 한반도 연안에서 잡힌 명태는 21만 톤으로 전체 어획량의 28퍼센트를 차지할 만큼 비중이 컸어요. 1970년대에도 연간 10만 톤 이상은 잡혔습니다.

명태를 보기가 어려워진 것은 30여 년 전부터입니다. 1980~1990년대 들어 1년간 어획량이 1만 톤도 되지 않더니, 급기야 2008년 공식 어획량이 0톤으로 남한에서는 사실상 멸종돼 버렸습니다. 2019년 국내에서 명태잡이는 전면 금지됐습니다. 지금 우리가 먹는 명태는 대부분 러시아산입니다.

해양 오염과 함께 무분별한 남획으로 명태는 개체 수가 급격하게 줄었습니다. 여기에 동해 앞바다의 수온이 상승하면서 명태의 먹이인 플랑크톤 종류가 바뀐 것도 큰 영향으로 꼽힙니다. 명태가 산란을 하는 원산만 해수면 온도는 이미 1980년대 후반에 1980년대 초반보다 약 2도 높아졌어요. 바다는 보통 온도 변화가 크지 않아 수중 1도 변화는 육지에서는 10도 오른 것과 마찬가지예요.

한반도 연안을 따라 북쪽으로 흐르는 따뜻한 난류가 강해지면서 원산만에서 남쪽 해역으로 이동하는 어린 명태가 무려 74퍼센트가 줄었습니다. 2014년부터 인공 양식한 명태 치어를 160만 마리 이상 방류해 어장을 다시 살리려고 노력 중이지만 '국민 생선'이었던 명태는 돌아오지 않고 있어요. 대신 따뜻한 바닷물에 사는 오징어, 멸치, 고등어가 동해에서 잡히고 있지요. 명태가 갑자기 한반도에서 사라지면서 금金처럼 귀하다는 '금태'라는 새 이름도 붙었습니다.

한반도 가장 남쪽 제주도 역시 수온이 상승해 서귀포 앞바다가 아열대화되면서 해녀가 물질로 잡았던 감태와 톳 등 해조류가 급격히 사라지고 있습니다. 그 대신 동남아 바닷속에서나 볼 수 있었던 화려한 열대어가 쉽게 눈에 띈다고 해요. 지금보다 수온이 계속 올라간다면 바닷속 모습은 또 어떻게 달라질까요.

기후위기, 무엇이 문제일까?

3장

기후정의

기후정의

'히말라야
쓰나미'

　　인도 북부에 우타라칸드라는 지역이 있어요. 중국의
티베트 자치공화국과 국경을 맞대고 있는 이곳은 히말라야
산맥과 가깝기 때문에 웅장한 산들과 깊은 호수 등 아름다
운 자연 경관으로 유명합니다. 높은 산을 신성시하는 인도
문화의 특성상 성지로 여겨져 '신들의 땅'이란 별명을 가지
고 있대요. 2021년 2월 이곳에 대홍수가 나서 많은 사람이
목숨을 잃는 비극이 벌어졌어요. 홍수로 엄청나게 불어난
강의 물살이 어찌나 거셌던지 일부 언론들이 '히말라야 쓰
나미'로 표현했을 정도였답니다.

아니, 해안 지역도 아니고 히말라야에 난데없이 쓰나미라니요? 쓰나미란 지진이 많이 일어나는 일본어에서 유래한 용어로 '나루터津つ의 파도波なみ'라는 뜻이에요. 바닷가나 큰 강의 나루터, 즉 항구를 덮치는 높은 파도를 가리키지요. 원래 일본어에서 쓰나미는 지진해일뿐만 아니라 태풍이나 다른 원인으로 생긴 해일도 포함했습니다. 하지만 1963년 국제과학회의에서 쓰나미가 국제 용어로 공식 채택된 이후에는 일반적으로 지진으로 발생하는 해일을 가리키는 용어로 사용되고 있습니다.

대표적인 예가 2004년 남아시아 대지진과 2011년 동일본 대지진 때 발생한 쓰나미예요. 최고 50미터 높이의 거대한 쓰나미가 해변 지역을 덮치는 순간을 찍은 영상들을 본 적이 있나요? 순식간에 밀어닥친 파도에 사람과 자동차, 건물 등 사실상 모든 것이 휩쓸려 파괴되는 모습에 새삼 자연의 엄청난 힘이 두려워지게 됩니다.

우타라칸드는 주변에 바다가 전혀 없는 내륙의 산악 지대예요. 종종 지진이 일어나기는 하지만 2021년 쓰나미 때에는 지진이 발생하지 않았어요. 원인은 바로 빙하. 히말라야산맥에서 가장 뛰어난 경치를 자랑하는 난다데비 국

2021년 2월 인도 우타라칸드에서 대홍수가 발생해 수력발전소 인부들이 구조 작업을 하고 있다. 당시 비가 내리지 않는 겨울인데도 빙하가 녹아 호수로 떨어지면서 쓰나미급 급류가 발생했다.

립공원에 있는 해발 7816미터 높이 난다데비산의 빙하 일부가 녹아 호수로 떨어지면서 쓰나미급 급류가 발생했습니다. 이 급류는 리시강가 수력발전소와 타포반-비슈누가드 수력발전소를 덮치고 주변의 다리와 도로, 마을을 휩쓸었습니다. 수많은 사람이 급류에 휘말려 목숨을 잃었지요.

우타라칸드에서는 2013년에도 비가 많이 내리는 몬순 시기에 산사태와 빙하 홍수로 무려 6000명 이상이 숨진 적이 있어요. 그런데 2013년 홍수와 2021년 홍수는 차

이점이 있답니다. 2013년에는 기록적인 양의 비가 내려 빙하가 녹는 직접적인 원인이 됐던 반면, 2021년 2월 홍수는 비가 내리지 않는 겨울철인데도 빙하가 녹아 쪼개져 강에 떨어지면서 발생했지요. 당시 인도 바르티 공공정책연구소 교수이자 기후 전문가인 안잘 프라카시는 2021년 홍수를 "고산 지대의 빙하가 지구 온난화 때문에 녹아서 떨어진 기후변화 사고"로 규정했습니다.

지구 온난화로 전 세계의 온도가 상승하고 있지만, 히말라야 고산 지대는 기후변화에 특히 더 취약하다고 해요. 전 세계가 평균 1.5도 이하로 온도 상승 폭을 유지하더라도, 히말라야 지역은 1.8~2.2도까지 상승할 수 있다는 전망도 있어요. 2019년 기후 전문가 300여 명이 「힌두쿠시 히말라야 평가 보고서The Hindu Kushi Himalaya Assessment Report」를 발표했습니다. 이 보고서에 따르면, 히말라야산맥의 빙하는 1970년대부터 녹기 시작했고 온실가스가 지금처럼 배출되면 2100년에는 히말라야산맥 빙하의 70퍼센트 이상이 녹아 없어진다고 합니다.

기후위기에는 차별이 없다?

　　지구 한쪽이 물난리로 큰 피해를 입는 동안 또 다른 한쪽에서는 혹독한 가뭄 때문에 고통을 겪고 있어요. 동아프리카로 가볼까요. 이곳에서는 1981년 이래 최악의 가뭄이 이어지고 있답니다. 특히 케냐, 소말리아, 에티오피아에서는 몇 년째 우기에도 비가 전혀 내리지 않아 우물 등이 바닥을 드러내면서 농사를 지을 수 없게 돼 1300만여 명(2023년 5월 기준)이 기근에 시달리고 있습니다. 특히 소말리아에서는 2022년 한 해 동안 가뭄으로 최소 4만 3000명이 사망했다고 해요. 인간이 화석연료를 사용해 배출한 온실가스로 지구 온도가 올라가면서 동부 아프리카의 가뭄 발생 확률이 무려 100배 이상 높아졌다는 연구 결과도 있지요.

아프리카 대륙 안에서도 동아프리카처럼 극심한 물 부족에 시달리는 지역이 있는가 하면 물 폭탄을 맞은 곳도 있습니다. 아프리카 중부 지역에 있는 콩고민주공화국(민주콩고)에서는 2023년 5월 폭우 때문에 강이 범람하고 산사태가 일어나면서 400명 넘게 숨졌어요. 르완다 서부에서도 집중호우로 127명이 목숨을 잃었고요. 전문가들은 지구 온난화로 아프리카 기후가 극단적으로 바뀌면서 가뭄 아니면 홍수가 벌어지는 것으로 보고 있답니다. 아프리카 사람들은 가난한 것도 서럽기 짝이 없는데 기후변화 직격탄까지 맞고 있으니 얼마나 절망적이고 분통이 터지는 심경일까요.

가난한 나라만 기후변화의 피해를 입을까요? 답은 이미 모두가 알고 있듯이 '아니다'예요. 물론 가난한 나라는 돈이 없어서 극단적인 날씨에 대응할 수 있는 인프라를 갖추지 못해 큰 피해를 입는 게 사실입니다. 대부분 정치적으로 불안정하고 행정력이 부족한 탓에 이재민에게 필요한 지원을 제공하지 못해 대규모 인도적 위기로 이어지는 경우가 흔하고요. 하지만 선진국들도 지구 온난화의 공격을 피하지 못하고 있어요.

2023년 6월 미국 뉴욕시에서 항공기 비행이 금지되고, 야외 경기는 물론 실내 행사들이 잇달아 취소되는가 하면 휴교령이 내려지기까지 했어요. 이유는 극심한 대기오염입니다. 숨쉬기가 어려울 정도로 공기가 탁해지면서 그리 멀지 않은 건물이 흐릿하게 보일 정도였답니다. 중국과 한국, 그리고 동남아시아 국가들에서 종종 황사와 초미세먼지, 연무(공기 중의 연기나 먼지 때문에 시야가 흐려지는 현상) 등으로 대기오염이 일어난 적이 있지만, 뉴욕을 포함한 미국의 동북부 지역에서 이런 극심한 대기오염이 벌어지기는 1999년 측정 시작 이래 최악이었다고 해요. 인도 뉴델리 등 최악의 대기질을 기록해온 도시들을 제치고 뉴욕이 세계에서 대기질이 가장 나쁜 도시에 올랐을 정도였습니다.

뉴욕의 공기가 나빠진 원인은 캐나다 400여 곳에서 동시다발로 일어난 산불이었어요. 약 일주일 동안 3만 3000제곱킬로미터가 넘는 면적이 불탔습니다. 이는 지난 10년간 캐나다 평균 산불 피해 면적의 18배에 달한다고 해요. 캐나다 오타와와 토론토, 퀘벡을 뒤덮은 산불 연기가 바람을 타고 미국 북부 국경에 접한 미네소타, 미시간 등으로

뉴욕의 뿌연 하늘. 2023년 5월부터 6월까지 캐나다 400여 곳에서 산불이
동시다발로 일어났다. 이 산불 연기로 뉴욕시까지 대기오염이 극심했다.

까지 내려오면서 해당 주들이 대기오염 피해를 입게 된 것
입니다. CNN은 "지구 평균 기온이 오르고 습도가 감소하
면서 산림을 건조하게 만들어 산불이 잦아지는 것은 캐나
다뿐만 아니라 각국에서 급증하는 현상"이라고 보도했습
니다.

　1장에서 언급했던 것처럼, 실제로 해마다 세계 곳곳에
서는 대규모 산불이 끊이지 않고 있어요. 미국 서부 캘리포

니아 산불은 연례행사가 된 지 오래입니다. 2020년 캘리포니아에서 발생한 산불로 1억 2700만 톤의 온실가스가 배출됐다고 해요. 이는 지난 18년간 감축한 이산화탄소의 약 두 배에 달할 뿐 아니라 캘리포니아에서 2030년까지 목표하는 탄소 배출량의 절반 가까이를 차지하는 규모였어요. 그러니까 탄소 배출을 줄이기 위한 18년간의 노력이 산불 때문에 한순간에 무효가 돼버리고 만 겁니다.

캘리포니아 산불은 지구 온난화가 불러온 가뭄과 높은 기온 때문에 갈수록 대형화되고 있습니다. 산불로 인한 탄소 배출로 지구 온난화가 가속화될 수 있다니 정말 악순환이 아닐 수 없네요. 호주에서도 거의 매년 대형 산불이 일어나는데, 2019~2020년 산불의 연기가 고도 15킬로미터 상공의 성층권에까지 올라갔다고 해요. 그 바람에 호주 상공의 성층권 온도가 3도나 급상승했고, 전 지구 평균적으로도 온도가 0.7도 상승했으며, 오존층 파괴와도 관계가 있다는 연구 결과가 나왔습니다. 이밖에도 스페인, 포르투갈, 그리스, 러시아 등에서도 한여름 폭염으로 대형 산불이 자주 발생하고 있어요.

특히 2021년에는 러시아 시베리아 지역에 있는 사하

자치공화국의 야쿠츠크 일대에서 대형 산불이 발생해 역사상 최초로 산불 연기가 북극에까지 퍼졌어요. 야쿠츠크는 인간이 거주할 수 있는 가장 추운 곳 중 하나이죠. 하지만 시베리아 기온은 최근 몇 년 새 크게 상승하고 있답니다. 2020년 6월 20일 러시아 베르호얀스크 상공 기온이 38도를 기록해 북극권 사상 최고를 기록했어요. 같은 해 6월 시베리아 평균 기온은 약 20도로, 평년보다 10도 이상 높아 화재가 발생하고 해빙이 대량으로 녹아 없어졌지요. 2023년 6월엔 시베리아 알타이주 바예보 기온이 39.6도를 기록했어요.

북극권의 기온 상승과 산불 등은 특히 심각한 문제입니다. 2장에서 언급했듯이, 영구 동토가 녹아 땅속의 온실가스가 대거 풀려나면 기후변화에 다시 영향을 주는 악순환으로 이어지기 때문이에요. 영구 동토층이란 여름에도 녹지 않고 2년 이상 토양이 0도 이하로 유지되는 곳으로 약 100만 년 전부터 생성된 땅입니다. 학자들의 연구에 따르면 지구 온난화로 이번 세기말까지 영구 동토층에서만 1600억 톤의 탄소가 이산화탄소 형태로 배출될 가능성이 있다고 합니다.

이뿐만 아니라 메탄가스와 고대 미생물, 핵물질까지 유출될 수 있다고 해요. 실제로 지난 2016년 러시아 북시베리아에서는 폭염으로 영구 동토가 녹아 그 안에 묻힌 사슴 사체에 있던 탄저균에 여덟 명이 감염돼 한 명이 목숨을 잃은 적이 있어요. 이 지역에서 탄저병이 발생하기는 1941년 이후 75년 만이었지요.

2022년에는 다국적 연구팀이 야쿠츠크 지역 영구 동토에서 약 4만 8500년 전 호수 밑에 묻힌 것으로 추정되는 바이러스를 포함해 인류가 처음 보는 바이러스 13종을 발견했어요. 연구팀은 이 바이러스들에 '좀비 바이러스'란 별명을 붙여줬습니다. 지구 온난화 문제가 영화와 드라마에서나 보았던 좀비와 연관성이 있다니 왠지 더 무서워지네요.

책임은 부자 나라,
피해는 가난한 나라?

지금까지 살펴보았듯이 지구 온난화로 인한 기후변화는 가난한 나라와 부자 나라, 후진국 또는 개발도상국과 선진국을 가리지 않고 피해를 입히고 있습니다. 어찌 보면 기후변화의 평등성이라고 할 수 있겠지요. 하지만 이런 변화가 왜 일어났는지를 생각해보면, 그 책임은 결코 평등하지 않습니다.

국제에너지기구IEA에 따르면, 2022년 연료 연소로 인한 이산화탄소 배출량은 368억 톤으로 사상 최대를 기록했어요. 가장 많이 배출한 국가는 어디일까요? 답은 중국으로, 한 해 동안 에너지 관련 탄소 배출량이 121억 톤이나 됩니다.

그렇다면 산업화가 시작된 이후 지금까지 가장 많이 배출한 국가, 즉 누적 배출량이 가장 많은 국가는 어디일까요? 바로 미국입니다. 산업화 이전인 1850년부터 2020년까지 전 세계 총 누적 배출량이 약 1조 6965억 톤인데, 미국은 24.6퍼센트에 해당하는 4167억 톤을 배출해 1위를 차지했어요. 2위는 약 2901억 톤을 배출해 17.1퍼센트를 차지한 유럽연합 회원국들, 3위는 13.9퍼센트를 차지한 중국이고요. 한국도 전체 배출량의 1.1퍼센트인 18위랍니다.

대륙별로는 대부분 선진국들인 유럽(31.3퍼센트)과 북아메리카(28.2퍼센트)의 누적 배출량 비중이 전 세계의 59.5퍼센트를 차지했어요. 극심한 가뭄 피해를 입고 있는 아프리카 대륙은 몇 퍼센트일까요? 답은 2.8퍼센트입니다. 북미 지역 국민 1인당 탄소 배출량 평균치가 아프리카 대륙 국민 1인당 평균치보다 열한 배나 많다는 조사 결과도 있어요. 탄소 배출량 상위 1퍼센트의 평균치는 50톤(2021년 기준)으로 하위 1퍼센트에 비해 무려 1000배가 넘는 것으로 나타났죠.

이 같은 조사 결과들은 기후변화에 선진국 책임이 더 크다는 사실을 잘 보여줍니다. 가뭄, 홍수, 해수면 상승 등 기후변화로 입은 손실과 피해에 선진국이 책임을 져야 한다는 목소리가 갈수록 높아지는 이유가 바로 여기에 있어요. 그렇다면 기후변화에 책임이 있는 국가들은 피해 국가들에게 대체 얼마를 배상해야 할까요? 학자들이 계산을 해보니, 과도한 온실가스를 배출한 선진국들이 2050년까지 170조 달러(19경 5500조 원)의 기후 보상금을 개발도상국들에 지불해야 한다고 합니다.

지구의 대기를 세계인이 공평하게 나눠 쓰는 '공유물'로 가정하고, 전 세계 168개국의 인구를 반영해 1인당 배출할 수 있는 온실가스를 할당하는 방식으로 기후 보상 시스템을 계산했는데, 전 세계 168개국 가운데 미국, 러시아 등 67개국이 기후 보상금을 지급해야 하는 나라로 꼽혔어요. 그중 미국이 80조 달러로 1위를 차지했습니다. 세계 탄소 배출량 10위권 안에 드는 한국도 3105조 원을 내야 한대요.

탄소중립과
정의로운 전환

넷-제로Net-Zero란 말을 들어봤나요? 영어 '넷'은 돈의 액수나 물질의 양에 대해 '순純'이란 뜻이에요. 예를 들어 '순이윤'이란 총수입에서 투자액을 빼고 순수하게 남은 금액을 말해요. 그러니까 넷-제로는 순수하게 영(0)이 되는 것을 뜻하지요. 기후변화와 관련해서 넷-제로는 인간의 활동에 의한 탄소 배출량을 최대한 줄여서 흡수 또는 제거하는 탄소량과 같게 해 순배출량을 0으로 만드는 것을 말해요. 우리말로는 탄소중립이라고 하지요.

앞에서 여러 번 언급했듯이, 국제사회는 2015년 체

결한 파리협정을 통해 지구 평균 온도 상승 폭을 산업화 이전인 19세기보다 1.5도 이내로 억제하는 데 합의했습니다. 이를 위해 2030년까지 이산화탄소 배출량을 2010년보다 최소 45퍼센트 이상 감축하고, 2050년경에는 넷-제로를 이룩하는 목표를 세웠습니다.

탄소 배출을 어떻게 줄일 수 있을까요? 대표적인 방법이 에너지 주공급원을 바꾸는 것이에요. 석탄과 석유 등 화석연료 대신 신에너지, 재생에너지를 적극적으로 개발해 사용해야 합니다. 또 철강과 석유화학 등 탄소를 많이 배출하는 업종을 중심으로 하는 산업 구조를 혁신하며, 전기 자동차 및 수소 자동차 기술개발과 생산, 보급을 확대하는 등의 노력이 필요하지요.

친환경에너지 중심으로 산업 구조가 바뀌면 일자리 지형도 바뀝니다. 석탄발전소를 폐쇄하면 관련 일자리가 사라지지만, 재생에너지 일자리가 늘어날 수 있어요. 2021년 전 세계적인 신종 코로나바이러스 감염 사태에도 불구하고 재생에너지 부문에서 70만 개의 일자리가 새로 만들어졌다고 해요.

재생에너지는 태양광, 태양열, 풍력, 지열, 수력, 수열,

파도를 이용한 조력, 동식물과 쓰레기 매립지 가스 등을 이용한 바이오에너지 등을 가리킵니다. 신에너지로는 수소에너지, 연료의 화학 반응으로 발생하는 화학에너지를 전기에너지로 변환하여 사용하는 연료전지, 석탄을 액체나 기체로 바꿔서 전기를 생산하는 석탄액화가스 등이 있습니다. 다만 신에너지라는 용어는 우리나라에서만 쓰며, 신에너지를 재생에너지와 같은 카테고리로 묶은 신재생에너지 역시 국제적으로 통용되는 용어는 아니에요.

우리나라가 2050년까지 국가 차원에서 재생에너지 100퍼센트를 달성하는 시나리오를 적용한다면 재생에너지 부문 일자리는 2030년까지 28만 2602개, 2040년에 38만 9064개, 2050년에 50만 3274개가 새로 생긴다고 해요. 정부가 기후위기 대응을 위해 2030년까지 온실가스 배출량을 2018년보다 40퍼센트 이상 감축하고 2050년에 탄소중립을 달성하는 정책을 추진한다면 일자리가 2030년까지 최대 86만 개, 2050년까지는 최대 120만 개 만들어질 것이라는 전망도 있어요. 이를 위해서는 2022~2030년 국내총생산GDP의 3.6퍼센트, 2031~2050년에는 GDP의 1.4퍼센트에 해당하는 투자가 필요하다고 해요.

탄소중립으로 환경을 보호하고, 일자리도 늘어나면 좋은 일입니다. 하지만 화석연료 분야에서 일했던 사람이 바로 신에너지, 재생에너지 쪽으로 옮겨가기란 현실적으로 쉽지 않아요. 새로운 기술을 익혀서 일자리를 찾을 수 있으면 다행이지만 그렇지 못하는 사람들도 분명 있겠지요. 탄소중립이 누군가에게는 기회이지만, 또 다른 누군가에게는 생활의 기반을 잃는 위기가 되는 것입니다.

이런 문제점을 극복하기 위해서 나온 개념이 바로 '정의로운 전환Just Transition'이에요. 기후변화에 대응하는 과정에서 사회적인 변화와 산업 구조의 전환이 반드시 필요하지만, 특정 업종이나 지역이 일방적으로 책임을 떠안지 않도록 노력하는 것을 말해요. 결과는 물론 과정도 정의로워야 한다는 겁니다. 다른 말로 하면 형평성을 이뤄야 한다는 뜻인데, 정부의 적극적인 역할이 무엇보다 중요하지요.

다른 나라들은 어떻게 하고 있을까요? 미국의 '저스티스40 이니셔티브Justice40 Initiative'가 대표적이에요. 미국 연방정부의 최초이자 최대 환경정의 프로그램인데, 소외 지역에 연방 투자 혜택의 40퍼센트를 제공하는 것을 목표로 합니다. 기후변화 완화, 신재생에너지, 에너지 효율성,

독일의 노천 갈탄 광산. 독일은 탈석탄 정책을 추진하며 이로 인해 일자리를 잃게 될 노동자들에게 보상 방안을 마련했다.

청정 교통, 지속가능한 주택, 인력 개발, 수자원 보호, 폐수 처리 등에 투자해 지역사회의 문제를 바로잡겠다는 것이 목표입니다.

영국과 독일, 캐나다 역시 탈석탄 정책을 추진하는 과정에서 일자리를 잃는 노동자를 보호하기 위한 다양한 정책들을 시행하고 있어요. 캐나다의 경우 2018년 '캐나다 석탄화력 노동자와 지역 사회를 위한 정의로운 전환 태스크포스Task Force on Just Transitionfor Canadian Coal Power and

Communities'를 만들어 운영해오고 있어요.

독일 역시 2018년 '성장·구조변화·고용위원회Kommission für Wachstum, Strukturwandel und Beschäftigung'를 만들어, 탈석탄 정책으로 직간접적인 영향을 받는 지역에 금전적으로 보상할 뿐만 아니라 이를 기회로 지속가능한 경제 성장을 위한 방안을 모색해오고 있어요. 특히 2038년까지로 예정된 탈석탄 일정에 따라 영향을 받게 될 석탄광 및 석탄·갈탄화력발전소에 근무하는 노동자 최대 4만 명에게 최소 58세까지 최장 5년간 실업으로 인한 소득 감소나 조기 퇴직에 따른 연금 감소에 대한 보상금을 지급한다고 합니다.

한국에서도 '정의로운 전환'에 관한 논의가 있기는 합니다. 하지만 위의 나라들과 비교하면 구체적이지 못하고 법적인 기반이 아직 제대로 이뤄지지 못하는 게 사실이에요.

기후위기의 남녀 불평등 문제도 살펴보겠습니다. 여성들은 가사 노동이나 농사 등 기후위기에 직접적으로 영향을 받는 노동을 책임지는 경우가 많아요. 예를 들어 사하라사막 이남의 아프리카 가정 63퍼센트에서 여성들이 가족들이 마실 물을 길어오는 일을 책임지고 있어요. 물을 찾아 먼 곳까지 걸어서 오가는 경우가 대부분이에요. 저개발 국가의 농촌 지역에서 여성은 농업 인력의 80퍼센트를 차지합니다. 우리나라의 경우 전기·가스·1차 금속 등 탄소 배출량이 많은 업종의 종사자 5명 중 1명은 여성·청년이라고 해요. 65세 고령층도 적지 않다고 합니다.

유엔 산하에 세계젠더기후연맹Global Gender & Climate Alliance이라는 기구가 있어요. 2007년에 만들어졌는데, 각국이 기후변화 정책 결정 과정과 프로그램에 남녀의 목소리를 동등하게 반영하도록 활동하고 있습니다. 기후위기에 제대로 대응하기 위해서는 여성들의 역량 강화가 필수적이기 때문이지요. 탄소중립을 이루기 위한 과정에서 정의로운 전환이 가능하도록 여성, 청년, 고령층에 대한 배려와 관심이 보다 적극적으로 이루어져야 합니다.

세계의
환경보호 기구들

　전 세계에는 지구 온난화에 대응하기 위해 활동하는 기구나 단체가 많이 있습니다. 크게 유엔 관련 기구들과 민간단체들로 나눌 수 있어요.

　유엔 관련 기구들 중 대표적인 것이 바로 유엔환경계획UNEP입니다. 1972년 6월 스웨덴 스톡홀름에서 '인간환경회의'가 열렸습니다. 세계 최초로 열린 국제 환경회의였지요. 이런 회의가 스톡홀름에서 열린 데에는 당시 스웨덴이 다른 나라들보다 일찍 환경 문제에 관심을 갖게 된 것과 직접적인 연관성이 있어요.

1967년 스웨덴 과학자 스반테 오덴은 산성비 때문에 스웨덴 숲과 하천, 곡물 수확이 피해를 입고 있다는 연구 결과를 발표해 큰 충격을 던졌습니다. 이에 스웨덴 정부는 환경보호를 전담하는 기관을 신설했어요. 1970년에 설립된 미국 환경보호국EPA보다 3년이 앞섰지요. 스웨덴은 환경과 인간의 상호작용에 초점을 맞춘 UN 회의를 개최하자는 아이디어를 처음으로 제안했고, 그해 유엔 총회의 결의에 따라 1972년에 회의가 소집됐어요.

우리나라에서 환경의 날이 6월 5일로 정해진 것은 1972년 6월 5~16일 스웨덴 스톡홀름에서 열렸던 '인간 환경회의'를 기념하기 위해서랍니다. 이 회의에서 참가국들의 결의로 설립된 기구가 바로 UNEP예요. 아프리카 케냐 나이로비에 본부를 두고 있는데, 환경에 관한 유엔의 활동을 조정하는 역할을 하고 있어요.

날씨와 기후변화를 관측하고 연구하는 유엔 전문기구로는 세계기상기구WMO가 있습니다. 1950년 기상 관측을 위한 세계의 협력을 목적으로 설립됐고, 본부는 스위스 제네바에 있습니다. 지구 온난화로 인한 기후변화가 가속화하고 있기 때문에 WMO의 역할이 어느 때보다 중요해지고 있습니다.

　UNEP와 WMO는 기후변화 문제에 보다 적극적으로 대처하기 위해 1988년에 새 국제기구를 공동으로 설립했어요. 앞에서 여러 번 나왔던 '기후변화에 관한 정부 간 협의체IPCC'가 바로 그것이에요. 인간 활동에 대한 기후변화의 영향과 실현 가능한 대응 전략을 정기적으로 평가하고, 유엔기후변화협약의 실행에 관한 보고서를 발행하는 임무를 갖고 있어요.

　WMO처럼 기상 관측이나 연구를 하는 조직은 아니지만, 전 세계 전문가들이 참여하는 IPCC 평가 보고서는 기후변화에 관한 가장 포괄적인 최신의 정보를 제공합니다. 아울러 이 보고서는 전 세계 학계, 정부 및 산업 부문에서 기후변화와 관련된 모든 사항에 대해 표준 참고 자료로 큰 권위와 영향력을 가지고 있어요. 본부는 스위스 제네바에 있습니다. IPCC는 2007년 지구 온난화에 대한 인류의 경각심을 일깨운 공로로 노벨 평화상을 수상했어요.

　IPCC 활동의 핵심은 평가 보고서입니다. 1990년 1차를 시작으로 2023년까지 총 6차까지 나왔고, 필요하면 특별 보고서도 발표해요. 수백 명의 학자들이 보고서 작성

과정에 참여하기 때문에 연구 기관으로 오해하기 쉬운데, IPCC는 독자적으로 연구하지는 않습니다. 대신에 매년 발행되는 수천 개의 과학 논문을 평가해 종합적인 평가 보고서를 만들어냅니다.

해외 뉴스에서 그린피스Greenpeace라는 이름을 들어본 적이 있지요? 아마도 세계에서 가장 유명한 민간 환경운동 단체일 겁니다. 해양을 보호하기 위해 보트 시위를 벌이는가 하면 해저 유전 개발에 반대해 원유 시추 플랫폼에 올라가 점거 시위를 벌이는 모습을 사진이나 영상으로 본 적이 있을 거예요. 녹색, 즉 자연을 보호해야 평화가 있다는 뜻을 담고 있는 그린피스는 전 지구적인 환경 문제의 원인을 밝혀내고, 이를 해결하기 위해 평화적이고 창의적인 방식으로 활동하고 있어요. 특히 지구를 위한 변화를 만드는 가장 큰 힘은 바로 '시민의 힘'이라는 신념을 갖고 있답니다.

그린피스의 역사는 1971년으로 거슬러 올라갑니다. 캐나다 밴쿠버 항구에 캐나다와 미국의 반전운동가, 사회사업가, 대학생, 언론인 등 12명의 환경보호 운동가들이 모여 결성했습니다. 이듬해 남태평양에서 벌인 프랑스의 핵실험 반대 운동을 통해서 세계적으로 알려지게 됐어요. 설

민간 환경운동 단체인 그린피스는 전 지구적인 환경 문제의 원인을 밝혀내고, 이를 해결하기 위해 평화적이고 창의적인 방식으로 활동한다.

립 초기에는 핵실험 반대가 운동의 중심이었지만, 지금은 기후위기 대응과 생물 다양성 보호 등 다양한 분야에서 활동하고 있어요.

1969년 미국인 데이비드 블로워가 설립한 '지구의 벗Friends of Earth'도 세계적인 환경운동 단체입니다. 1971년 스웨덴, 영국, 프랑스가 참여하면서 국제적인 네크워크를 갖추기 시작했고, 지금은 전 세계 73개 환경 단체들의 연합체로 활동합니다. 우리나라의 경우 환경운동연합이 지구의 벗 한국 지부 역할을 하고 있어요. 기후정의와 에너지, 숲과 생물 다양성, 식량 주권, 신자유주의에 저항하는 경제정의 등 4대 분야를 중심으로 지속가능하고 정의로운 세상을 만들기 위해 노력하고 있습니다.

세계자연기금World Wide Fund for Nature은 그린피스, 지구의 벗과 함께 3대 환경운동 단체로 불립니다. 세계자연기금은 1961년 스위스에서 탄생한 세계야생생물기금World Wildlife Fund을 모태로 한 단체예요. 1986년에 지금 이름으로 바꾼 후 100여 개국에서 회원 600만 명 이상이 활동하는 단체로 성장했지요. 인류와 자연이 조화를 이루며 사는 미래를 만드는 것을 목표로 하고 있답니다.

4장

탄소 배출

탄소 배출

대기를
구성하는 물질들

지구 온난화를 막기 위해서는 인간 활동으로 발생하는 이산화탄소(CO_2) 배출량을 대폭 줄여야 하고, 궁극적으로는 순배출량을 0으로 만드는 탄소중립을 이뤄야 한다고 했지요? 기후위기가 갈수록 심각해지면서 탈탄소, 탄소발자국, 탄소배출권, 탄소거래제 등 탄소가 들어간 단어들이 흔하게 쓰이고 있어요. 탄소(C)가 대체 무엇이기에 지구 온난화의 주범으로 꼽힐까요?

먼저, 우리가 숨 쉬고 있는 공기 또는 대기에 대해 알아봅시다. 중력에 의해 지구 대기를 구성하는 물질들 중 가장 많은 것은 산소(O_2)가 아니라 질소(N_2)예요. 산소는 20.9 퍼센트인 반면 질소는 78퍼센트나 되지요. 만약 대기가 대부분 산소로 이뤄져 있다면 지구는 작은 불씨에도 전부 타 버리고 말았을 겁니다. 그만큼 불안정한 거죠. 반면, 질소의 최대 장점은 안정성이에요. 지구의 대기를 안정적으로 유지하고 천천히 연소가 일어나게 만드는 역할을 한답니다. 식물의 성장에 필요한 비료의 필수 요소이자 동물의 몸을 구성하는 아미노산의 핵심 원소이기도 해요. 과자 봉지 안에 들어 있는 기체도 질소가스랍니다. 바삭한 과자가 부서지지 않도록 보호할 뿐 아니라, 산소로 인한 산화를 방지해 줘요.

그렇다면 나머지 약 1퍼센트는 무엇으로 이뤄져 있을까요? 수증기(H_2O)를 비롯해 이산화탄소, 메탄(CH_4), 오존(O_3) 등 다양한 물질들이 있어요. 대기에서 차지하는 비중은 아주 적지만 하는 역할은 결코 작지 않답니다. 마치 온실처럼 지구를 따뜻하게 감싸 인간 등 생명체가 살기에 적당한 온도를 지켜주지요. 이를 '온실효과'라고 하고, 이런 효과를 만들어내는 기체를 온실가스라고 합니다. 이산화탄소와 메탄 이외에 '웃음가스'로 알려져 있는 아산화질소

(NO₂), 냉매의 주요 성분인 수소불화탄소(HFCs), 과불화탄소(PFCs), 육불화황(SF₆)을 '6대 온실가스'라고 부릅니다.

탄소가
죄는 아니잖아

온실가스의 약 80퍼센트를 차지하는 이산화탄소에 대해 좀 더 자세히 살펴볼까요. 이산화탄소는 탄소나 그 화합물이 완전 연소하거나 생명체가 호흡 또는 발효할 때 생기는 기체예요. 지구 온난화를 일으키는 주범으로 지목되지만 사실 이산화탄소 자체는 죄가 없어요. 지구의 모든 생물이 영양분을 얻는 과정에서 중요한 역할을 하기 때문이에요.

인간을 비롯한 동물들은 몸속의 물질대사 과정에서 이산화탄소가 발생하는데, 이산화탄소는 혈액의 산도pH를 일정하게 유지시켜주는 역할을 해요. 혈액의 산도가 적정 수준에서 벗어나면 각종 질병이 발생하게 됩니다. 그래서 인간은 물질대사 과정에서 이산화탄소가 너무 많이 발생되면 날숨을 통해 몸 밖으로 배출하지요. 식물에게도 이산화탄소는 소중한 존재예요. 이산화탄소를 흡수하고 물과 햇빛을 함께 이용해 양분을 만들어내거든요. 그래서 나무를 많이 심고 잘 가꾸는 일이 중요한 겁니다.

핵심은 바로 양이에요. 대기 중에 이산화탄소 등 온실가스가 적절하게 있으면 지구 생명체를 유지하는 데 더없이 좋은 환경이 됩니다. 하지만 그 양이 너무 많으면 지구에 독이 되는 거예요.

태양과 지구 대기의 관계를 알아볼까요. 지구에 도달하는 태양 에너지를 100퍼센트라고 할 때 그중 약 30퍼센트는 대기층이나 지표면에서 반사되어 곧바로 지구 밖으로 빠져나가고, 약 70퍼센트만이 지구에 흡수됩니다. 흡수된 70퍼센트의 태양 에너지 중 50퍼센트는 지표면, 17퍼센트는 대기 중에 흡수되며, 나머지는 구름에 흡수돼요. 지표면에 흡수된 50퍼센트의 태양에너지는 모두 대기 중으로 방출됩니다. 즉, 지구에 도달한 태양에너지 중 30퍼센트는 공

기나 구름, 지표면 등에서 반사되어 우주 공간으로 빠져나
가고, 70퍼센트는 지구에 흡수되었다가 다시 우주 공간으
로 빠져나가면서 균형을 이루는 것이죠.

그런데 이 과정에서 대기 중에 이산화탄소 등 온실가
스가 너무 많아지면 태양에너지가 방출되는 것을 방해하
고, 온실효과가 필요 이상으로 일어나 지구의 평균 기온이
올라가는 겁니다. 가장 큰 이유는 석탄과 석유 등 화석연료
예요. 산업혁명 이후 화석연료 소비량이 급격히 늘어나면
서 연료 속 탄소가 이산화탄소 형태로 대기 중에 대량으로
배출됐기 때문입니다.

지구 온난화의 원인을 이산화탄소에만 돌리는 것은
적절하지 못하다는 주장도 있기는 해요. 지구 기후는 여러
가지 요인들의 영향을 받는 복잡한 시스템인데, 우리는 아
직도 이 시스템이 어떻게 작동하는지 정확히 이해하지 못
하고 있는 만큼 섣부른 결론을 내려서는 안 된다는 말입니
다. 또 지구의 기후와 온도는 오랜 세월 동안 주기적으로 변
해왔기 때문에 지금의 지구 온난화 역시 자연스러운 현상
이란 주장도 있어요. 이처럼 기후변화를 부정하는 입장을
'기후변화 회의론'이라고 해요.

하지만 대다수의 과학자들은 인간의 산업 활동이 급격히 늘어나면서 지구의 온도가 급상승했다는 사실을 인정하고 있어요. 지난 80만 년 동안 지구 대기 중 이산화탄소의 평균 농도는 300ppm 정도에 머물렀어요. 하지만 산업혁명 이후 가파른 상승세를 기록했으며, 2013년에는 인류 역사상 처음으로 400ppm을 넘겼어요. 그리고 2019년 5월 415.26ppm, 2020년 5월 418.12ppm, 2021년 5월 418.95ppm, 2022년 5월 421.37ppm, 2022년 424.88ppm으로 사상 최고 행진을 이어 나가고 있습니다.

과학자들은 지구 역사상 이산화탄소 농도가 가장 높았던 때를 약 300만 년 전 플라이오세(500만 년 전~200만 년 전) 시기로 추정하는데, 당시 이산화탄소 농도가 310~400ppm이었어요. 이 시기에 만들어진 얼음 속에 들어 있는 대기에서 이산화탄소 함량과 밀도를 측정한 결과입니다. 그때는 지금보다 평균 기온이 2~3도 더 높았고, 극지방에서 동식물이 살 수 있었으며, 해수면이 현재보다 25미터나 더 높았다고 해요. 우리나라 아파트의 10층 높이가 약 20미터니까, 지금 전 세계의 바다에 아파트 10층 높이의 물을 더한다고 보면 되는 것이지요.

과학자들은 현재 지구의 대기가 플라이오세 시기와 유사해지고 있다고 주장합니다. 북극과 남극의 얼음이 녹아서 플라이오세처럼 지금보다 해수면이 25미터 높아진다면 해안 도시 대부분이 물속에 잠겨버리고 말 거예요. 생각만 해도 끔찍하네요.

기후변화에 관한 정부 간 협의체IPCC는 2023년 3월 제58차 총회에서 만장일치로 승인한 제6차 평가보고서에서, 온실가스 배출을 통한 인간 활동이 전 지구의 지표 온도를 1850~1900년 대비 현재(2011~2020년) 1.1도 상승시켰다고 밝혔습니다. 또한 이런 추세대로라면 가까운 미래에 1.5도 오르고, 2100년에는 최고 4.4도 오를 것으로 경고했어요.

탄소 배출 추세가 이어질 경우 향후 10년 동안 3200만~1억 3200만 명이 극단적인 기후의 영향을 피할 수 없고, 2030년까지 3억 5000만 명이 추가로 물 부족 현상을 겪게 된다고 합니다. 따라서 기온 상승 폭을 1.5도 이내로 제한하는 목표에 도달하기 위해서는 2030년까지 2019년 대비 온실가스 배출량을 43퍼센트 감축해야 하고, 2도로 범위를 넓혀도 27퍼센트를 줄여야 한대요. 이런 목표를 달성한다고 해도 해수면 상승, 남극 빙산 붕괴, 생물 다양성 손실 등 일부 변화들은 불가피하기 때문에 지구가 기후변화 이전으로 돌아가거나 회복하지는 못한다고 합니다.

한국은 지구 생태계에
빚쟁이 국가?

오늘 하루 어떻게 지냈나요? 아침에 일어나 방안을 밝히기 위해 전깃불을 켜고 따뜻한 물로 세수를 하거나 샤워를 했겠지요? 옷을 입은 다음 아침밥을 먹고 집을 나서서 교통수단을 이용해 학교에 도착하고, 수업을 마친 후 공부를 더하거나 각종 활동을 한 다음, 집으로 돌아가 잠자리에 드는 것으로 하루의 일과를 마쳤을 겁니다. 이 모든 과정에서 이산화탄소가 발생한다는 사실을 알고 있나요? 탄소 배출이라고 하면 으레 공장 굴뚝에서 치솟는 연기나 자동차 매연을 떠올리기 쉽지만 인간의 모든 활동은 탄소를 배출한답니다.

아무도 밟지 않은 흰 눈 위를 걸어가면 발자국이 찍히는 것처럼 일상생활에서 발생하는 탄소를 '탄소발자국 Carbon Footprint'라고 해요. 오늘 여러분은 물을 몇 잔 마셨나요? 혹시 플라스틱 페트병에 들어 있는 생수를 마셨나요? 일회용 용기에 들어 있는 햄버거도 사 먹었나요? 한 조사에 따르면 한국인 1인당 일주일 동안 플라스틱 컵을 평균 3.8개 사용하고, 배달 음식을 3.2회 먹는다고 합니다. 한국인 1인이 플라스틱 사용만으로 한 해 23.146킬로그램의 탄소를 배출한다고 해요.

에너지 등 다른 것들을 포함하면 훨씬 많겠지요? 입고 있는 청바지, 먹는 음식들 역시 탄소발자국을 남겨요. 만약 오늘 먹은 햄버거 패티의 재료인 소고기가 멀리 미국이나 호주에서 왔다면, 비행기나 배를 타고 왔으니까 당연히 많은 탄소발자국을 남기고요. 그래서 가급적 일회용 컵 대신 텀블러를 가지고 다니고, 거주하는 지역 가까운 곳에서 생산된 식품을 구매하자는 운동이 벌어지는 것이랍니다. 한국인 1인당 연간 이산화탄소 배출량이 2020년 기준 약 12톤으로 호주, 미국, 캐나다에 이어 세계 4위를 차지했다니

2020년 기준 1인당 이산화탄소 배출량이 세계 4위인 한국은 일회용품, 플라스틱을 주로 사용하는 음식 배달이 매우 발달해 있다.

엄청나지요? 다른 건 몰라도 이런 건 꼴찌면 좋을 텐데 말이에요.

오늘 내가 찍은 탄소발자국이 얼마나 되는지 궁금한가요? 환경부, 한국 기후환경네트워크 등 다양한 기관과 단체들이 제공하는 탄소발자국 계산기를 이용해 알아볼 수 있답니다. 한 끼 밥상에서 나오는 탄소발자국 계산기도 있어요. 예를 들어 불고기비빔밥 한 그릇에 1.4킬로그램의 CO_2e가 배출된대요. CO_2e란 온실가스 배출량에 해당 온실가스의 '지구 온난화 지수$_{GWP}$'를 곱한 값이에요. 지구 온난화 지수는 이산화탄소 1킬로그램과 비교했을 때 다른 온실가스가 가둘 수 있는 상대적인 열의 양을 나타내는 지수입니다.

너무 어렵다고요? 쉬운 말로 하면, 1.4킬로그램 CO_{2e}는 승용차 한 대가 6킬로미터 이동할 때 배출하는 온실가스 양에 해당한다는 것입니다. 이를 흡수하기 위해선 소나무 0.2그루가 필요하대요. 즉, 불고기비빔밥 다섯 그릇을 먹으면 소나무 한 그루를 심어야 한다는 말이네요.

국제 환경단체 글로벌생태발자국네트워크(GFN)는 한국인의 지나친 자원 소비를 지적하면서 전 세계인이 한국인처럼 자원을 소비하려면 지구가 네 개나 있어야 한다고 비판했을 정도예요. 이 단체는 탄소발자국 대신 생태발자국이란 개념을 사용하는데, 인간이 지구에서 삶을 영위하는 데 필요한 의식주 등을 제공하기 위한 자원의 생산과 폐기에 드는 비용을 토지로 환산한 지수를 말하지요. 지구가 기본적으로 감당해낼 수 있는 면적 기준을 1인당 1.8헥타르로 잡는데, 면적이 넓을수록 환경 문제가 심각하다는 의미예요.

'지구 생태 용량 초과의 날Earth Overshoot Day'이란 말을 들어본 적 있나요? GFN이 1971년부터 매년 발표하는 날인데, 인간이 자원을 소비하고 쓰레기를 만들어내는 규모가 지구의 생산 및 자정 능력을 초과하게 되는 날을 의미한답니다. 핵무기 등으로 인한 지구 파멸을 경고하는 '지구 운명의 시계Doomsday Clock'가 2023년에 자정 90초 전을 가리켰는데, '지구 생태 용량 초과의 날'은 8월 2일이었어요. 1971년에 12월 25일이었던 것과 비교하면 무려 약 4개월 반이나 앞당겨진 것이지요. 다시 말해, 인간이 2023년 한 해 동안 쓸 수 있는 지구 자원을 8월 2일에 다 써버린 겁니다. 해마다 들쭉날쭉하기는 해도 지난 50여 년 동안 '지구 생태용량 초과의 날'은 꾸준히 앞당겨지는 추세예요. 각 국가마다 국토 면적, 자원 보유량, 인구, 산업 발전 수준, 환경정책 등에 따라 생태용량이 바닥나는 날짜가 다르답니다. 가장 빠른 나라는 중동의 카타르로 한 해 동안 쓸 자원을 2월 10일에 다 써버렸어요.

한국은 어떨까요? 여덟 번째로 빠른 4월 2일이에요. 4월 2일 이후부터는 미래 세대가 써야 할 자원을 당겨서 쓰는 겁니다. 한국은 1968년을 기점으로 '생태용량 채무국'

이 됐습니다. 즉, 생태용량보다 많은 자원을 소비하는 자원 빚쟁이 국가가 된 것이지요. 2023년 현재 한국보다 날짜가 앞선 순위의 국가들은 카타르에 뒤이어 룩셈부르크(2월 14일), 캐나다·미국·아랍에미리트(3월13일), 호주(3월 23일), 벨기에(3월 26일), 덴마크(3월 28일), 핀란드(3월 31일) 순이에요. 전 세계인이 미국인들처럼 자원을 소비하려면 지구 5.1개가 필요하고, 한국은 4개, 독일 3개, 중국은 2.4개가 필요하다고 하네요. 세계 평균은 1.75개입니다.

빨간불 켜진
탄소 감축 목표 달성

앞에서 언급했듯이, 국제사회는 2015년에 맺은 파리 협정을 통해 지구 평균온도 상승 폭을 산업화 이전인 19세기 대비 2도 이하로 억제하고, 1.5도를 넘지 않도록 노력하는 것을 목표로 정했습니다. 또 2030년까지 이산화탄소 배출량을 2010년 대비 최소 45퍼센트 이상 감축하고, 2050년경에는 넷-제로를 이룩하기로 약속했지요. 195개 협정 당사국들은 이 목표를 위해 스스로 정한 감축 목표를 5년마다 제출해 잘 이행했는지를 투명하게 공개해야 합니다. 그리고 이전보다 더 높은 수준의 새로운 감축 목표를 제출해야 하고요.

한국도 지난 2020년 온실가스 배출량을 2030년까지 2018년 대비 40퍼센트 줄이겠다는 목표를 발표했습니다. 이 목표를 달성하려면 매년 4.2퍼센트씩 줄여야 한다는 계산이 나옵니다. 하지만 2022년까지 연평균 1.6퍼센트만 감소해 성적은 그리 좋지 않아요. 2023년 한국 정부는 2030년 40퍼센트 감축 목표는 그대로 유지하는 반면 경제적 부담을 이유로 산업 부분 감축 목표를 기존 14.5퍼센트에서 11.4퍼센트로 낮춰 논란을 불러일으키기도 했습니다.

다른 나라들은 어떻게 하고 있을까요? 영국은 2030년 감축 목표의 72.3퍼센트(2020년 기준)를 달성했고, 유럽연합은 62.7퍼센트를 달성했다고 해요. 한국을 포함한 국제사회는 과연 탄소 감축 목표를 지킬 수 있을까요? 안타깝게도 현재 추세대로라면 쉽지는 않을 듯합니다.

지난 2022년 이집트 샤름엘셰이크에서 제27차 유엔기후변화협약 당사국총회COP27가 열렸어요. 유엔기후변화협약이란 1992년 6월 브라질의 리우데자네이루에서 열린 유엔환경개발회의UNCED에서 지구 온난화 방지를 위해 맺은 협약입니다. 1994년 3월 발효 이후 가맹국들은 정기적으로 총회를 열어 약속을 잘 지키고 있는지 점검하고 후속 조치들을 논의하는 총회를 열고 있지요.

제27차 총회는 우크라이나 전쟁으로 인한 에너지 위기로 어수선한 분위기에서 시작됐는데, 최대 성과는 기후 재앙에 대한 선진국의 책임과 보상 필요성을 인정하고 기금을 마련하기로 합의했다는 점이에요. 하지만 기금을 위한 구체적인 실행 계획을 세우지 못했고, 온실가스 추가 감축과 석유·천연가스의 단계적 사용 제한에 합의하지 못했어요. 중국, 인도 등 일부 국가들이 1.5도 제한 목표를 2도로 완화하자고 주장하면서 선진국들과 한때 대치하는 일까지 벌어졌답니다.

그래서 전문가들은 제27차 총회가 기후변화를 막기 위한 실질적인 성과를 이루지 못했다며 비난을 쏟아냈지요. 그린피스의 제27차 당사국총회 대표단 단장인 예브 사뇨는 "기후위기 대응 책임을 방기한 것"이라고 강력히 비난했습니다.

리우부터 파리까지…
환경 협약 30년

1992년 기후변화의 해결 방안을 모색하기 위해 열린 국제회의에서 12세 소녀가 연설을 하려고 연단 위에 섰어요. 일본계 캐나다인인 소녀의 이름은 세번 컬리스 스즈키. 브라질 리우데자네이루에서 열리고 있던 이 회의의 이름은 '리우환경회의' 또는 '리우환경정상회의'로 불렸지요. 세번은 100명이 넘는 각국 정상 또는 대표 앞에서 다음과 같이 말했어요.

"저는 환경을 지키는 어린이 모임을 대표해 이 자리에 섰어요. 변화를 일으키려고 노력하는 12~13세 어린이들로 이뤄진 단체예요. 저희는 여러분 어른들에게 반드시 방식을 바꿔야 한다고 말씀드리기 위해 직접 경비를 모아 여기에 왔습니다. 저는 제 미래를 위해 싸우고 있습니다. 모든 다음 세대를 위해 발언하고자 이 자리에 섰습니다. 지구 곳곳에서 죽어가고 있는 수많은 동물들을 위해 대변하고자 이곳에 서 있습니다. 저는 어린아이이지만 전쟁에 들어가는 돈을 환경과 빈곤 해결에 쓴다면 이 지구가 정말 멋진 곳이 될 것이라는 걸 알고 있습니다. 모든 것이 잘 될 거라고 말하지만, 우리가 여러분의 우선순위에 들어가 있기는 한가요. 아빠는 제게 늘 말이 아니라 행동을 해야 한다고 하셨어요. 제발 여러분의 행동에 여러분의 말을 반영해주세요."

2019년 스웨덴의 16세 환경운동가 그레타 툰베리가 유엔본부에서 열린 기후행동 정상회의에 참석해 "생태계 전체가 붕괴하고 있는데 여러분이 말할 수 있는 것은 돈과 영원한 경제 성장 이야기들뿐"이라고 호통치기 27년 전의 일입니다.

1972년 스웨덴 스톡홀름에서 열린 유엔인간환경회의가 '하나뿐인 지구'가 병들어가고 있다는 것을 처음으로 경고하는 회의였다면, 리우환경회의는 지구를 살리기 위한 실천적인 방안을 모색하기 위한 첫걸음이었지요. 인간과 자연의 공존을 위한 '리우선언'을 도출해냈고, 3대 환경협약도 만들어냈습니다. 기후변화의 원인이 되는 온실가스 배출 억제를 목적으로 하는 기후변화협약, 전 지구적 생물종 보호를 위한 생물다양성협약, 그리고 무리한 개발과 오·남용에 따른 사막화 방지를 위한 사막화방지협약이 바로 그것이에요.

기후변화협약의 핵심은 온실가스 배출 감축이었지요. 선진국들에 온실가스 배출을 2000년까지 1990년 수준으로 복귀할 것을 요구했습니다. 1995년 독일에서 개최된 제1차 당사국총회에서는 협약에 대한 평가를 토대로 선진국에 대해 2000년 이후에도 온실가스 감축 의무를 부과했고요.

기후변화협약의 목적을 달성하기 위해 온실가스를 감축하려는 노력이 더 필요하다는 인식 아래 만들어진 것이 바로 교토의정서 또는 교토기후협약이에요. 1997년 12월 일본 교토에서 열린 기후변화협약 제3차 당사국총회COP3에서 채택된 기후변화협약 부속 의정서를 가리키지요.

산업 발전에 따른 온실가스 배출량의 55퍼센트를 차지하는 선진국(38개국)을 대상으로 제1차 공약 기간

(2008~2012년) 동안 1990년 배출량 대비 평균 5.2퍼센트 감축하도록 규정했어요. 이를 달성하지 못할 경우 2013년부터 목표로 한 감축량의 1.3배와 2차 이행 목표를 모두 달성해야 한다는 조항도 들어갔어요. 한국과 멕시코는 개발도상국으로 분류돼 감축 의무가 면제됐어요. 또한 온실가스 감축 의무를 효과적으로 이행할 수 있도록 배출권 거래제와 청정개발 체제, 공동이행 제도 등 시장 기반 메커니즘을 도입하도록 했어요.

하지만 교토기후협약은 제대로 시작하기 전부터 삐거덕거렸어요. 다자 협상 과정에서 미국의 주장이 관철되지 않자 조지 W. 부시 당시 대통령이 결국 탈퇴를 선언한 겁니다. 이에 따라 협약 자체가 사실상 유명무실해지자 2011년 남아프리카 더반에서 열린 제17차 당사국총회COP17에서 선진국과 개도국 모든 당사국이 참여하는 새로운 기후 체제를 만들기로 합의했습니다.

2015년 프랑스 파리에서 열린 제21차 당사국총회 COP21에서 드디어 새로운 기후 체제인 파리기후협정(또는 파리협정)이 마련됐어요. 2016년 11월 4일부터 기후 협정으로서는 최초로 포괄적인 구속력이 적용되는 국제법으로

2015년 프랑스 파리에서 열린 제21차 유엔기후변화협약 당사국총회 (COP21)에서 새로운 기후 체제인 파리기후협정이 마련됐다.

발효됐지요. 목표는 지구 평균 온도 상승 폭을 산업화 이전 대비 2도 이하로 유지하고, 더 나아가 온도 상승 폭을 1.5 도 이하로 제한하는 것이에요. 발효 당시 버락 오바마 미국 대통령은 "지구에 있어서 전환점이 되는 날로 역사가 평가할 것"이라고 크게 환영했지요.

　하지만 또다시 미국이 발목을 잡았어요. 오바마의 후임인 도널드 트럼프 대통령이 돌연 미국의 파리협정 탈퇴를 선언한 겁니다. 트럼프는 대표적인 기후변화 회의론자

중 한 명이에요. 세계에서 가장 많은 탄소를 배출하는 나라 중 하나인 미국이 탈퇴하면 파리협정의 목표 달성이 어려워질 수밖에 없어요. 그러나 후임자인 조 바이든 대통령은 취임 첫날 파리협정 복귀를 위한 행정명령에 서명했습니다.

5장

기후테크

기후테크

물로 가는
자동차

이런 세상을 상상해본 적 있나요? 휘발유 대신 물로 움직이는 자동차를 타고 다니고, 공기청정기 같은 기계로 지구 온난화의 원인이라는 대기 중의 이산화탄소를 쏙쏙 걸러내 기후위기가 사라져버린 세상이요. 우리는 두 가지 상상을 현실로 만들 수 있는 기술을 이미 가지고 있답니다. 물론 아직 완전한 단계는 아니에요.

물로 가는 자동차는 수소차라고 할 수 있지요. 국내의 한 자동차회사가 수소차를 만들어 판매하고 있으니까 거리에서 봤을지도 모르겠네요. 수소 원자 두 개와 산소 원자 하나가 결합한 것이 물(H_2O)이기 때문에 수소차를 물로 가는 자동차라고도 하지만, 주유하듯이 물을 연료통에 직접 넣는 것은 절대 아니랍니다. 수소차는 차 안의 수소탱크 안에 들어 있는 수소와 공기 공급기(컴프레서)에서 전달받은 산소가 연료전지에서 만나 전기를 생산해 모터를 돌려 움직이는 자동차예요. 이 과정에서 나오는 물은 차 밖으로 배출되지요.

수소차는 수소연료전지자동차, 연료전지차로 불리기도 합니다. 수소차는 화석연료발전소나 원자력발전소 또는 재생에너지를 이용해 만든 전기를 이용하는 전기차보다 더 친환경이고 짧은 시간 충전해 오래 운행할 수 있다는 장점이 있어요. 공기를 빨아들이는 과정에서 공기필터를 활용해 공기를 정화하는 효과까지 거둘 수 있대요. 하지만 차 가격뿐만 아니라 충전소 설비 등에 상대적으로 많은 비용이 들어가는 데다가 안전성 문제, 충전소 확충 등 넘어야 할 장애물이 아직 많아요.

수소를 생산하는 방식에도 문제가 있어요. 수소는 석유나 천연가스처럼 자연에서 그냥 채취할 수 있는 자원이 아니기 때문에 따로 만들어야 해요. 천연가스나 석유가스,

2019년 서울 여의도에 생긴 국회 수소충전소. 수소차는 친환경적이고 짧은 시간 충전해 오래 운행할 수 있지만 유지비가 많이 들고 안전성 문제 등 해결해야 할 과제가 많다.

또는 갈탄가스 등을 고온·고압의 수증기로 처리해서 수소를 분리해내는 방식으로 생산하지요. 수소차에서 아무런 공해물질을 배출하지 않더라도, 화석연료를 이용해 수소를 생산한다면 수소차를 친환경차로 볼 수 없다는 주장이 나오는 이유입니다. 그럼에도 불구하고 이런 단점들이 개선된다면 수소차는 진정한 친환경차로 대중화될 수 있을 겁니다.

공기에서 탄소를
채굴한다고?

기후위기를 극복하기 위한 친환경 기술을 '기후테크(기후+테크놀로지)'라고 해요. 국제사회가 2050년까지 넷-제로를 이루기로 약속하면서, 공기 중의 이산화탄소를 쏙쏙 걸러내는 '탄소포집·이용·저장Carbon dioxide Capture Utilization and Storage' 기술이 기후테크의 대표주자로 많은 관심을 모으고 있어요. 영어 약자로 CCUS입니다.

용어가 너무 어렵다고요? CCUS를 간단히 말하면, 탄소를 모아서 이용하고 저장하는 기술이에요. 석유가스전, 화력발전소, 석유화학 공정 등에서 발생되는 이산화탄소를 모아서 이용하거나 지층 깊숙이 저장하는 방식으로 이뤄지지요.

전 세계에서 배출되는 이산화탄소의 절반 이상이 발전 시설과 공장에서 나오는데, CCUS는 산업 현장에서 나오는 대규모 이산화탄소를 경감시킬 거의 유일한 해결책이라고 합니다. 국제에너지기구(IEA)가 CCUS 기술 없이는 온실가스 배출량 제로에 도달하는 것이 불가능하다고 전망했을 정도랍니다. 국제에너지기구는 CCUS 시설을 이용해 포집한 이산화탄소 양이 연간 4500만 톤인데, 2030년까지 크게 늘려야 한다고 강조했습니다.

CCUS에서 '탄소포집(CC)'은 사실 새로운 기술이 아니에요. 1930년대부터 천연가스 채굴·생산 과정에서 순수한 가스를 얻기 위해 불순물인 이산화탄소를 제거하는 기술을 사용해오고 있지요. 세계에서 가장 오래된 탄소포집 시설이 있는 곳은 미국 텍사스주의 테럴 천연가스발전소입니다. 이 발전소는 1972년부터 탄소를 걸러낸 천연가스를 생산해왔다고 해요.

'이용·저장US' 역시 약 반세기 전부터 사용해온 기술이랍니다. 원유를 채굴할수록 압력이 낮아져 채굴이 어려워지는 문제를 해결하기 위해 지층에 이산화탄소를 주입해 압력을 높였다고 해요. 그래서 테럴 천연가스발전소는 천연가스에서 걸러낸 탄소를 텍사스주에 있는 정유회사들에 팔았다고 합니다. 이처럼 탄소포집 기술은 초기에는 천연가스와 원유 등 화석연료의 순도를 높이고 더 많이 채굴하기 위한 목적으로 사용됐기 때문에 친환경과는 거리가 멀었죠.

기후위기와 관련해 CCUS가 본격적으로 연구, 개발되기 시작한 것은 1990년대부터예요. 한 조사에 따르면 전 세계에서 운영되거나 건설, 개발 단계에 있는 상업용 '탄소포집·저장CCS'은 135개(2021년 기준)라고 합니다. 이 중 실제 운영되고 있는 곳은 27개입니다. 추진 중인 시설들이 모두 가동된다면 연간 약 1억 1070만 톤의 이산화탄소를 추가로 제거할 수 있다고 해요.

섬나라 아이슬란드는 지난 2021년부터 범고래를 뜻하는 '오르카'란 이름의 세계 최대 규모 '공기직접포집DAC' 시설을 운영하고 있습니다. DAC는 공기 중에서 직접 이산화탄소를 걸러내는 기술을 말해요. 아이슬란드에서 가장 큰 지열발전소인 헬리셰이디 지열발전소 근처에 위치한 이 시설은 연간 4000톤의 이산화탄소를 포집해 최대 2000미터 지하에 영구 저장하는 일을 한다고 합니다. 미국도 2022년에 CCUS 프로젝트에 26억 달러를 투자하는 계획을 발표했어요. 유럽연합 역시 2023년 발표한 탄소중립 법안에서 CCUS를 전략적 탄소중립 기술Strategic net-zero technologies 중 하나로 지정하고 적극적인 지원에 나섰답니다.

한국도 CCUS에 관심이 많아요. 2021년 민관 합동으로 K-CCUS 추진단이 출범했습니다. 철강·시멘트·석유화학 등 50여 개 기업, 석유공사와 발전 5사, 가스안전공사 등 10여 개 공사 등 80여 개 기관이 참여하고 있어요. 국내 한 기업은 2025년부터 가동되는 호주 바로사-칼디타 가스전에 CCUS 기술을 적용해 저탄소 LNG를 생산하고, 수소 생산 과정에서도 CCUS 기술을 적용해 청정수소를 생산할 계획이라고 합니다. 한국은 탄소중립을 달성하기 위해 2030년까지 약 1000만 톤, 2050년까지 연간 최대 8500만 톤의 이산화탄소를 포집·저장한다는 계획을 가지고 있답니다.

CCUS는 기후위기의
게임 체인저?

"최고의 탄소포집 기술을 위해 1억 달러의 상금을 기부하겠다." 테슬라 창업자 일론 머스크가 2021년 1월 트위터에 올린 메시지 하나가 세계적으로 큰 반향을 불러일으켰답니다. CCUS에 대해 잘 몰랐던 사람들도 머스크가 거액을 내놓겠다고 하니까 대체 그것이 무엇인지 관심을 나타냈죠.

머스크는 탄소포집 기술을 가진 스타트업에 1억 달러를 주는 경연대회를 비영리단체 엑스프라이즈와 함께 열고 있어요. 수상 대상은 연간 1000톤 규모의 이산화탄소를 포집해 100년 이상 격리하는 기술이에요. 최종 우승자는 2025년 지구의 날인 4월 22일에 발표됩니다. 마이크로소프트의 설립자인 빌 게이츠도 미국의 탄소포집 기술 스타트업에 8000만 달러 이상을 투자했다고 하네요.

머스크와 게이츠까지 뛰어든 CCUS는 과연 지구의 기후를 정상으로 돌려놓을 수 있는 만능 게임 체인저일까요? 이산화탄소 감축에 필요한 기술인 것은 분명하고 기대감도 높지만, 현실적으로 해결할 과제가 아직 너무나 많습니다. 우선 시설을 갖추고 운영하는 데 막대한 돈이 들어가고, 탄소를 포집해 옮기고 저장하는 과정에 화석연료를 사용할 경우 환경오염이 발생하는 문제점도 있어요.

2022년에 미국의 한 연구소가 「탄소포집 문제점: 배운 교훈」이란 보고서를 발표했습니다. 노르웨이, 미국, 호주 등에 있는 열세 건의 CCUS 프로젝트 현황을 조사했더니, 일곱 건은 저조한 탄소포집 실적을 올렸고, 두 건은 아예 실패해 프로젝트 자체를 접었으며, 한 건은 보류 상태인 것으로 나타났어요. 또 전 세계 CCUS 프로젝트의 69퍼센트가 천연가스 생산, 25퍼센트는 각종 산업체, 6퍼센트는 발전소 운영 과정에서 이산화탄소를 포집하는 데 적용되고

CCUS에 항의하는 시민단체 회원들. CCUS는 이산화탄소 감축에 필요한 기술이지만 실제로는 천연가스와 원유를 더 많이 생산하기 위해 이용되고 있다.

있다고 지적했어요.

이 보고서에 따르면 포집된 이산화탄소의 73퍼센트가 유정 지층에 주입돼 원유 생산을 늘리는 데 사용되고 있다고 해요. 나머지 23퍼센트는 지하에 저장되고요. 결국 CCUS가 화석연료인 천연가스와 원유를 더 많이 생산하기 위해 이용되고 있는 셈이지요. 일부 환경운동가들이 CCUS에 반대 목소리를 높이는 이유가 바로 이런 점 때문이에요.

넷-제로를 이루기 위해서는 이산화탄소 배출 자체를 줄여야 하고, 그렇게 하려면 화석에너지 중심의 경제 구조를 바꿔야 해요. 해양학 전문가 데이비드 호 하와이대학교 교수는 머스크가 1억 달러를 내놓은 경연대회에 심사위원으로 참여하고 있습니다. 그는 2023년 환경 전문지 『네이처』에 기고한 글에서, 온실가스 배출량이 지금처럼 많은 상황에서는 탄소포집이 해결책이 될 수 없다고 말했어요. 그는 지금 당장 온실가스를 줄여야 한다는 네러티브로 바꿔야 한다고 주장했어요. 즉, 탄소포집이 온실가스를 감축하는 데 도움이 되기는 하지만 완벽한 게임 체인저는 아니라는 말이지요.

한국을 비롯해 세계 각국이 차세대 원자력발전소로 개발 경쟁을 벌이고 있는 소형모듈원자로SMR를 둘러싸고도 논란이 벌어지고 있어요. 300메가와트MW 규모의 소규모 원자로를 의미하는 SMR은 기존 원자로와 원리가 똑같지만 규모가 작아 출력 조절이 용이하고, 상대적으로 안전성이 높으며, 건설비가 상대적으로 저렴하고, 무엇보다 온실가스를 배출하지 않는 장점이 있습니다.

하지만 SMR은 기존 원전의 문제점인 방사성 핵폐기

물을 만들어내고, 관리 비용이 많이 들어가며, 더 많은 숫자의 원자로를 지어야 한다는 점 등의 단점이 있어요. 미국과 캐나다 연구진은 원자력 관련 기업들이 내놓은 SMR 설계안을 분석한 결과, SMR이 방사성 폐기물 처리 문제를 더욱 악화시킬 가능성이 있다는 분석 결과를 내놓기도 했어요.

탄소로 만든
고기 맛은?

2023년 5월 25일 핀란드의 식품기업 솔라푸드Solar Food의 첫 제품 테이스팅 행사가 싱가포르에서 열렸습니다. 제품의 이름은 솔레인Solein. 정확하게 말하면, 음식을 만드는 데 들어가는 재료인 단백질 파우더의 이름입니다. 싱가포르의 스타 셰프들이 솔레인을 이용해 만든 파스타, 수프, 에그소스 호박구이 등의 음식들은 정말 먹음직스럽게 보였어요. 맛은 어땠냐고요? 테이스팅 행사에 참석했던 싱가포르의 한 환경운동가에 따르면 버터 맛과 견과 풍미가 나는 꽤 괜찮은 맛이었다고 해요. 셰프들도 솔레인의 활용도에 좋은 점수를 주었다고 합니다.

솔라푸드는 2022년 싱가포르에서 일명 '공기 단백질' 솔레인의 수입, 제조, 시판 승인을 받아 화제를 모은 회사예요. 2024년부터 정식으로 판매를 시작할 예정이랍니다. 2017년 핀란드 국립 연구소의 전직 과학자들이 설립한 이 회사의 주력 상품 솔레인은 시판 단백질 파우더들과 똑같이 생겼지만, 제조 과정은 완전히 다릅니다.

솔레인은 미생물을 배양한 후 공기와 소량의 영양 성분을 먹어서 만든 단백질 가루랍니다. 어떤 미생물인지는 알려져 있지 않아요. 다만 발효탱크 안에서 이산화탄소와 수소를 먹고 자란다고 해요. 이산화탄소는 공기에서 포집하고, 수소는 물에 전기를 공급해 분해해서 얻어요. 물 전기 분해 과정에는 친환경에너지인 수력 전기를 사용한대요.

이산화탄소와 수소를 먹고 자란 미생물은 단백질과 함께 탄수화물, 지방을 배출하는데, 이를 건조하면 각종 식품에 쓸 수 있는 분말 형태의 식용 단백질이 됩니다. 솔레인 성분 중 65퍼센트는 아홉 가지 필수아미노산이 모두 포함된 단백질이고, 5~10퍼센트는 지방, 20~25퍼센트는 탄수화물과 비타민B 등이에요.

솔레인 자체는 아무런 맛과 향이 없다고 합니다. 솔라푸드의 솔레인이 대기 중의 이산화탄소를 줄이는 데 획기적인 역할을 하는 것은 물론 아니에요. 하지만 온실가스 발생의 주요 요인 중 하나인 축산업과 고기 소비를 줄이는 데 기여하지요. 무엇보다 식량 위기가 발생할 때 좋은 대안이 될 수 있다는 점에서 의미가 있습니다.

미국 캘리포니아주에 본사를 둔 에어프로틴Air Protein이란 회사 역시 이산화탄소를 먹는 미생물을 가지고 기존의 육류와 비슷한 맛과 질감을 재현한 '에어 미트Air Meat'를 개발하고 있습니다. 특히 '에어 치킨Air Chicken'이 곧 시판된다고 하네요.

공기 속의 이산화탄소로 단백질을 만들어내는 연구는 1960~1970년대로 거슬러 올라가요. 미국항공우주국 NASA은 인간의 장거리 우주여행을 대비해 단백질의 합성을 연구했어요. 우주비행사가 날숨을 통해 배출한 이산화탄소를 포집해 미생물에 먹여 영양이 풍부한 단백질을 얻는 방식을 생각했다고 해요. 다만 당시 기술력으로는 현실화가 어려워 계속하지 못하고 연구 프로젝트가 폐기됐다고 합니다. 반세기 뒤 솔라푸드와 에어프로틴이 이를 현실화한 것이지요.

이른바 '대체육'에는 크게 식물육, 발효육, 배양육이 있습니다. 식물육은 콩 등 식물성 단백질을 이용해 만든 고기이고, 발효육은 발효 탱크에서 곰팡이가 당분을 먹고 만드는 단백질로 만든 고기예요. 배양육은 실험실의 동물에게서 세포를 추출한 뒤 단백질, 당분, 지방 등을 공급하며 길러낸 '진짜' 고기를 말합니다. 미국 실리콘밸리의 배양육 개발업체 잇저스트Eat Just가 2020년 싱가포르 식품청SFA으로부터 배양육 닭고기의 생산과 판매를 처음 승인받아 큰 화제가 됐지요. 여기에 제4의 대체육으로 이른바 '공기 단백질'이 떠오르고 있습니다.

그러고 보니 싱가포르는 세계에서 유일하게 네 가지 대체육의 시판을 모두 허가한 국가네요. 국토 면적이 적은 싱가포르는 식량 안보에 관심이 많은 만큼 대체육 수용에 매우 적극적이어서 '식품의 실리콘밸리'로 불리고 있어요. 대체육이 이산화탄소 배출을 줄이는 차원을 넘어서 탄소포집 및 이용에도 기여하고 있으니 '기후테크'로 불릴 만하네요.

더 읽어보기

속지 말자, 그린 워싱

"기후변화협약 당사국총회가 그린 워싱Green Washing의 장으로 변질돼버렸어요." 스웨덴의 환경운동가 그레타 툰베리가 2022년 이집트에서 열린 제27차 당사국총회COP27 불참을 선언하면서 한 말이에요. 힘과 권력을 가진 국가와 기업들이 기후위기를 극복하기 위해 마치 무엇인가 하는 척하면서 정작 필요한 일은 하지 않고 있으며, 당사국총회를 자국 또는 자사를 홍보하는 데 이용하고 있다는 지적입니다. 툰베리는 실질적인 변화를 만들어내지 못하는 당사국총회는 의미가 없다고 비판했어요.

그린 워싱을 직역하면 '녹색으로 씻어내기'입니다. 실제로는 별로 친환경적이지 않지만 이윤을 목적으로 친환경적인 척하는 것을 의미한답니다. 위장 환경주의라고도 하지요.

대표적인 예가 한 해 300만 톤이 넘는 플라스틱 병을 사용하는 모 콜라회사예요. 이 회사는 툰베리가 불참한 COP27에 공식 후원사로 참가해 기후위기 극복을 위해 노력하고 있다는 점을 적극적으로 홍보했어요. 그러자 그린피스는 "세계 최대 플라스틱 오염 회사가 COP27을 지원하는 것은 당혹스럽기 짝이 없는 일"이라고 맹비난했습니다. 한국에서는 한 화장품 회사가 종이 용기 화장품을 썼다고 광고했지만, 사실은 그 안에 플라스틱이 함유되어 있었다는 사실이 알려지면서 소비자들의 공분을 사기도 했죠.

그린 워싱이 가장 광범위하게 퍼져 있는 분야가 식품업계란 지적도 있습니다. 육류와 낙농업 등 식품업계는 전 세계 이산화탄소의 약 3분의 1을 배출하는 것으로 알려져 있어요. 네덜란드의 한 환경단체가 친환경이라고 주장하는 식품의 라벨과 광고들을 조사했더니 대다수가 과장 또는 충분한 근거를 제시하지 못한 것으로 나타났다고 해요.

오렌지 100퍼센트 주스에는 과연 오렌지에서 짜낸 즙만 들어 있을까요? 그런 제품도 있지만 구연산, 비타민C, 향료 등 식품첨가물들이 들어간 것도 있어요. 농축액에 정제수를 넣어 만든 주스도 있고요. 그래도 한국에서는 100퍼센트란 말을 라벨과 광고에 쓰는 것에 법적으로 문제가 없다고 해요.

석유와 천연가스를 생산하는 회사들이 최근 '그린'이란 홍보 문구를 남발하고 있다는 지적도 있습니다. 2023년 6월 영국의 광고심의위원회는 석유회사 셸의 친환경 광고 캠페인이 소비자들에게 사업이 환경에 해로운 영향을 미치는 화석연료에 기반을 두고 있다는 것을 알리지 않는다는 이유로 광고 금지 처분을 내렸어요. 셸은 광고에서 "우리는 고객에게 저탄소 선택권을 더 많이 제공하고 있으며, 영국의 에너지 전환 촉진을 위해 도움을 주고 있다"고 강조했어요.

하지만 광고심의위원회는 "회사의 비즈니스 모델이 대부분 석유 및 가스 투자에 기반하고 있다"며, 막대한 온실가스를 배출하고 있는데도 정작 광고에는 이런 점이 반영되지 않아 소비자들을 오도할 수 있다고 광고 금지 이유를 밝혔어요. 위원회는 스페인 석유회사 렙솔, 말레이시아

국영 에너지기업 페트로나스, 독일 항공사 루프트한자, 아랍에미리트UAE 항공사 에티하드의 친환경 강조 광고도 소비자들을 오도할 수 있다는 이유로 광고 금지처분을 내린 적이 있답니다.

패스트 패션 브랜드들의 그린 워싱 사례도 많아요. 한 브랜드는 새로운 라인 컬렉션을 출시하면서 친환경적이고 지속가능하다고 대대적으로 광고했지만, 화학 물질로 만든 소재를 일부 사용한 것으로 드러나 질타를 받았어요. 패스트 패션 브랜드들은 저렴한 대신 질이 그리 좋지 않은 옷들을 유행에 맞춰 대량 생산해 의류 쓰레기를 양산한다는 비판을 받고 있지요.

앞에서 살펴봤듯이, CCUS와 SMR이 탄소중립을 이루는 데 유용한 기후테크인 것은 분명합니다. 하지만 근본적으로 탄소 배출을 줄이기 위한 노력을 하지 않고 만능 해결사인 양 그 효과를 과대하게 부풀린다면, 이는 그린 워싱의 일종이라고 할 수 있겠습니다.

6장

에너지
패권 경쟁

에너지
패권 경쟁

산유국들의 탈석유 선언

사우디아라비아의 무함마드 빈 살만 알사우드 왕세자 겸 총리가 2022년에 한국을 방문했습니다. 재산이 약 2조 달러나 되는 세계 최고의 갑부로 알려진 그의 별명은 '미스터 에브리싱Mr Everything'이에요. 엄청난 재력과 권력을 가지고 있어서 '무엇이든 할 수 있는 남자'란 뜻이라고 해요.

빈 살만은 파격적인 경제, 사회, 문화 정책으로 전 세계의 관심을 한 몸에 받고 있어요. 전 세계에서 가장 보수적인 이슬람을 신봉하는 국가인 사우디아라비아에서 여성들이 자동차를 운전하게 되고 취업 기회가 많아진 데에는 빈 살만의 개혁 정책이 큰 역할을 했어요. 한국의 아이돌 그룹 BTS가 비아랍권 가수로는 처음으로 스타디움 투어 공연을 하는 등 사우디아라비아 문화를 이전보다 개방적으로 바꾸고 있기도 하죠.

전 세계가 빈 살만을 주목하는 또 다른 이유는 바로 경제, 특히 '2030 비전' 계획 때문이에요. 2016년부터 적극적으로 추진하고 있는 이 계획의 핵심은 '탈석유 경제'입니다. 세계 2위 산유국인 사우디아라비아가 "석유 의존에서 벗어나겠다"고 선언한 것입니다.

미국 에너지정보청EIA의 통계에 따르면, 미국은 1일 평균 약 2000만 배럴(2022년 기준)의 원유를 생산해 전 세계 생산량의 약 20퍼센트를 차지하고 있어요. 그 뒤를 이은 사우디아라비아는 1일 평균 1214만 배럴로 12퍼센트이고요. 국토의 대부분이 사막인 사우디아라비아는 막대한 원유 생산과 수출로 엄청난 돈을 벌어온 만큼 경제 구조 역시 철저하게 원유를 기반으로 하고 있죠.

하지만 석탄과 함께 대표적인 화석연료인 원유는 공기처럼 무궁무진한 자원이 아닙니다. 언젠가 원유 자원이 바닥나는 날이 온다면, 원유에 경제를 의존하고 있는 사우

사우디아라비아의 빈 살만 왕세자가 발표한 네옴 프로젝트 중 친환경 직선 도시 더 라인. 이곳은 길이 170킬로미터, 너비 200미터, 해발 500미터로 건설되며, 100퍼센트 신재생에너지로 운영할 계획이라고 한다.

디아라비아는 어떻게 될까요? 빈 살만 왕세자는 바로 이점에 착안해 친환경에너지를 개발하고 적극적으로 도입해, 석유 의존도를 줄이고 경제를 다각화하는 '비전 2030'을 발표했습니다. 5000억 달러를 투자해 서울의 44배에 달하는 친환경 신도시 '네옴Neom'도 조성 중이에요. 네옴에서는 100퍼센트 신재생에너지 자원과 전기차만 이용될 예정이라고 해요.

특히 2030년까지 국가 전체 전력 중 절반을 재생에너지로 생산할 계획이에요. 빈 살만은 이를 위해 약 6000억 달러에 이르는 국부펀드Public Investment Fund를 적극적으로 활용하겠다는 의지를 갖고 있다고 합니다. 국부펀드란 일반적으로 정부가 공적 외환 보유액과 별도로 재정 흑자 등의 잉여 자금을 재원으로 조성해 수익성 위주로 운용하는 자금 및 운용기구를 뜻해요.

중동의 또 다른 산유국 아랍에미리트도 친환경에너지 중심의 경제·산업 구조 전환을 추진하고 있습니다. 지난 2021년 중동 국가 가운데 최초로 2050년까지 탄소중립 실현을 선언하고, 2007년 실질 GDP 중 41퍼센트를 차지하는 비석유 비중을 2030년까지 64퍼센트로 끌어올리겠다는 목표를 세워놓고 있어요. 그리고 180억 달러를 투입해 세계 최초로 탄소중립 도시인 마스다르Masdar 시티를 세워 운영해오고 있죠.

이처럼 산유국들도 친환경에너지로의 전환에 박차를 가하고 있죠. 한마디로 화석연료를 팔아 엄청나게 번 돈으로 첨단 친환경에너지 선도국으로 도약하겠다는 겁니다.

기후위기, 무엇이 문제일까?

부자 나라들의
'녹색 사다리 걷어차기'?

우리가 사용하는 에너지를 크게 나누면 석탄, 원유, 천연가스와 같은 화석에너지와 태양광, 태양열, 풍력, 수력, 지열, 생물자원(바이오매스)등 재생에너지로 나눌 수 있어요. 신에너지도 있지요. 기존의 화석연료를 변환시켜 이용하거나 수소, 산소 등의 화학 반응을 통하여 전기나 열을 이용하는 에너지를 가리킵니다. 기존 연료를 새로운 방법으로 이용하거나 화학 반응을 이용하는 에너지라는 의미입니다. 수소에너지, 연료전지에너지, 석탄가스화/액화에너지가 있습니다. 이 밖에 온실가스를 발생시키지 않는 원자력이 친환경에너지에 포함되기도 합니다.

전 세계인들이 가장 많이 사용하는 에너지원은 여전히 석유예요. 한 조사에 따르면, 2021년 기준으로 석유가 전체의 31퍼센트를 차지한대요. 석탄은 26.9퍼센트, 천연가스는 24.4퍼센트로 화석연료가 차지하는 비중이 약 82.3퍼센트나 됩니다. 그래도 5년 전인 2016년 85퍼센트, 2019년 83퍼센트에 비하면 미약하나마 감소세를 보이고 있네요. 수력은 6.8퍼센트, 재생에너지는 6.7퍼센트, 원자력이 4.3퍼센트예요.

재생에너지 부문에서는 태양광과 풍력의 약진이 두드러집니다. 국제에너지기구IEA는 「2022년 재생에너지 보고서」에서 대규모 태양광과 육상 풍력이 전 세계 대다수 국가에서 이미 가장 싼 신규 발전원이 되었다고 발표했습니다. 또한 전 세계 태양광 발전 용량이 2022~2027년 동안 거의 세 배로 증가하여 석탄을 제치고 세계에서 가장 큰 전력 공급원이 될 것으로 예상했어요. 2022년 블룸버그 뉴에너지파이낸스BNEF 보고서는 2050년에 탄소중립에 도달할 경우 풍력과 태양광이 총발전량의 4분의 3 이상을 차지할 것으로 전망했고요.

풍력과 태양광이 재생에너지 부문에서 약진하고 있다. 사진은 미국 워싱턴주의 엘렌스버그에 있는 풍력과 태양광 발전 시설의 모습.

이쯤에서 한번 생각해봅시다. 친환경에너지가 좋은 걸 누가 모르나요. 갈수록 우리의 일상생활에 영향을 미치고 있는 기후위기를 막으려면 친환경에너지를 적극적으로 사용하고 탄소중립을 이뤄야 한다는 점에는 누구나 동의할 겁니다. 문제는 비용이에요. 보다 많은 사람들에게 안정적으로 깨끗한 에너지를 공급할 수 있는 기술에는 돈이 많이 들어가기 때문이지요.

기후테크도 마찬가지예요. 앞 장에서 살펴보았듯이

수소에너지, 탄소포집 이용 및 저장 기술 등을 개발하고 활용하는 데는 막대한 비용이 들어갑니다. 친환경에너지로의 전환과 기후테크 개발이 선진국 주도로 이뤄지고 있는 것에 우려의 목소리가 많이 나오고 있는 이유가 바로 여기에 있어요.

앞에서 언급한 사우디아라비아처럼 화석연료를 수출하거나 화석연료를 기반으로 한 산업으로 막대한 돈을 번 부자 나라들이 풍부한 재력과 기술력으로 친환경 시대를 주도하고 있습니다. 반면에 기후위기에 상대적으로 책임이 적은 가난한 국가들은 돈이 부족해 친환경에너지로의 전환이 어려운 데다가 선진국들의 온갖 친환경 규제로 피해를 입을 가능성이 크지요.

'사다리 걷어차기'란 말이 있어요. 말 그대로 사다리를 걷어차 다른 사람이 올라오지 못하게 하는 것을 말해요. 영국 케임브리지대학교 경제학과의 장하준 교수는 2004년 국내에서 번역 출간한 『사다리 걷어차기』에서 미국을 위시해 오늘날 세계경제를 주도하는 국가들은 시장주의와 자유무역이 아니라 국가 개입과 보호무역을 통해 선진국이 됐으면서도, 정작 후진국들이 같은 방식을 이용하지 못하도록 온갖 압력을 행사함으로써 경제적 격차를 유지해왔다고 주장했어요. 후진국들이 선진국 경제 수준으로 올라오거나 따라잡지 못하도록 선진국들이 사다리를 걷어차고 있다는 것이죠.

이처럼 선진국이 주도하는 친환경에너지 및 기후테크 개발에 대해서도 '녹색 사다리 걷어차기'로 이어질 수 있다는 우려의 목소리가 나오고 있답니다.

신무역장벽,
탄소국경세와 RE100

　돈과 기술력을 가진 선진국들은 탄소중립을 일종의 무역장벽으로 이용하기도 합니다. 이를 '녹색 보호무역'으로 부르기도 합니다. 유럽연합은 2023년 4월 '탄소국경조정제도CBAM'를 도입했어요. 이 제도는 EU 회원국이 아닌 국가의 기업들이 철강, 알루미늄, 비료, 전기, 시멘트, 수소 제품 등 6개 품목을 EU로 수출할 때 제품 생산 과정에서 나오는 탄소 배출량을 추정해 관세를 부과하는 것이에요.

　이런 제품들을 수출하는 기업들은 2023년 10월부터 탄소 배출량을 의무적으로 EU에 보고해야 해요. 2025년

12월 말까지는 일종의 준비 기간으로 보고만 하면 되지만, 2026년 1월부터는 탄소 배출량을 근거로 해 관세가 부과됩니다. 이를 '탄소국경세'라고 부르기도 합니다. 탄소 배출량을 보고하지 않거나 실제와 다르게 보고하면 벌금 등 벌칙이 가해집니다. 기업들이 세금 회피와 비용 절감을 위해 탄소 배출 규제가 느슨한 나라나 장소로 이동하는 탄소 누출 방지를 위한 일종의 무역 제한 조치인 것이지요.

탄소중립을 이루기 위해 모든 국가와 기업들이 함께 노력해야 한다는 점에서는 탄소국경세의 필요성을 인정합니다. 하지만 기업들의 입장에서는 EU로 수출할 때 이미 관세를 내고 있는 만큼 부담감이 커질 수밖에 없죠. 특히 탄소 절감 기술력이 부족한 개발도상국의 제품이 EU 시장에 진입하기가 더 어려워질 수밖에 없어요.

미국과 영국도 탄소국경세 도입을 서두르고 있습니다. 미국의 경우 '청정경쟁법안CCA'이 의회에서 논의 중인데, 2024년부터 석유화학 제품 등 수입품 12품목에 대해 온실가스 배출 1톤당 55달러를 부과하는 것을 골자로 합니다. 리시 수낵 영국 총리는 2023년 3월 의회 연설에서 영국 제조업체를 보호하기 위한 탄소국경세 도입을 준비중이라고 밝혔습니다. EU의 탄소국경세와 비슷한 내용일 것으로 예상되고 있어요.

기업들의 재생에너지 사용 약속인 'RE100'에 대해서도 우려의 시선이 있어요. '재생에너지 전기Renewable Electricity 100퍼센트'란 뜻의 RE100은 기업 활동에 필요한 전력의 100퍼센트를 태양광과 풍력 등 재생에너지를 이용해 생산된 전기로 사용하겠다는 자발적인 글로벌 캠페인입니다. '탄소 정보 공개 프로젝트Carbon Disclosure Project'와 파트너십을 맺은 다국적 비영리기구인 더 클라이밋 그룹The Climate Group 주도로 2014년에 시작됐어요.

RE100 가입 대상은 연간 100기가와트시GWh 이상 전력을 소비하는 기업입니다. 전 세계적으로 411개 기업(2023년 6월 기준)이 RE100에 가입했으며, 구글 등 수십 개 기업들이 이미 RE100을 이뤘다고 해요. 한국 기업으로는 삼성전자, SK하이닉스, 카카오 등 총 32곳의 기업이 가입해 있어요. RE100의 최대 목표 시기는 2050년이지만, 회원사들의 평균 목표 시기는 2028년이에요.

문제는 RE100이 미국 등 선진국들의 보호무역주의에 이용될 수 있다는 점입니다. 기업들이 부품을 납품하는 기업들에도 100퍼센트 재생에너지 사용을 요구하고 있기 때문이에요. 애플은 2018년 4월 애플의 사무실, 데이터센터, 소매점 등 기업의 모든 활동에 소비되는 전력을 재생에너지 100퍼센트로 공급받는다고 선언했어요. 2020년에는 부품 조달부터 서비스 제공에 이르는 전 사업 활동에서 2030년까지 재생에너지 100퍼센트를 포함하여 온실가스 순배출량을 0으로 만드는 탄소중립을 달성하겠다는 목표도 발표했고요.

애플에 부품을 공급하는 한국 기업은 20여 곳에 달합니다. 그런데 한국의 재생에너지 비중은 8퍼센트에 불과해요. 그래서 재생에너지 인프라가 미흡한 국가의 기업들은 결국 공장을 선진국으로 옮길 수밖에 없다는 전망이 나오는 겁니다. 기업들의 기후위기 대응은 이제 선택이 아니라 필수인 만큼 보다 적극적인 대책이 불가피합니다.

갈 길 먼
기후 취약국 지원

기후위기 대응에 취약한 국가들을 위한 지원 노력이
있기는 해요. 대표적인 예가 녹색기후기금GCF이에요. 개발
도상국의 이산화탄소 절감과 기후변화에 대응하기 위해 만
들어진 국제 금융기구로, 온실가스를 줄이거나 개발도상국
의 기후변화 적응 능력을 높이는 사업에 기금을 투자하고,
투자한 자금이 투명하고 적절하게 운용되고 있는지를 평가
하는 역할을 합니다.

2010년 12월 멕시코 칸쿤에서 열린 제16차 유엔기
후변화협약 당사국총회에서 기금 설립이 승인됐고, 2013

년 12월에 한국의 인천 송도에서 정식으로 사무국이 출범했습니다. 미국, 프랑스, 독일, 영국을 포함한 선진국들은 연간 지원액을 2020년까지 매년 1000억 달러씩 조성하기로 약속했어요. 하지만 매년 목표 달성에 크게 못 미치고 있지요.

녹색기후기금이 2022년 8월 말 기준으로 발표한 자료를 볼까요. 1차 재원 보충(2020~2023년)에 참여한 34개 공여국이 모두 공여 협정을 체결했으나, 공약 재원 총 98억 6650만 달러 중 실제 지급된 돈은 65억 8130만 달러에 머물러 있다고 합니다. 1억 달러 이상을 공약한 국가 중 절반의 공여국이 총 공약 규모의 50퍼센트에 못 미치는 돈을 냈다고 하네요.

제27차 총회에서는 개발도상국의 기후변화에 따른 '손실과 피해'에 대해 선진국이 책임과 보상의 필요성을 인정하고 기금을 마련하기로 합의했습니다. 하지만 이를 위한 구체적인 실행 계획은 제시하지 못해 많은 사람이 또 공수표가 되는 것이 아니냐는 우려를 나타냈다고 합니다.

녹색산업에 민간 자금을 지원해 지속가능한 발전을 이루도록 발행하는 녹색채권이 주로 선진국에서 발행되면서, 녹색을 내세우고 있는 자금 역시 시장 지배자에게로 흘러 들어가고 있다는 지적도 있어요. 전 세계 녹색채권 발행 규모는 2016년 1690억 달러에서 2020년 8860억 달러로 약 5배 정도 성장했습니다. 그러나 신흥 시장 발행 규모는 2016년 46억 달러에서 2020년 1570억 달러에 머물러 큰 불균형을 나타냈지요.

그래서 현재 녹색채권 시장은 선진국 시장에 의해, 그리고 선진국 시장을 위해 고안됐기 때문에 이를 그대로 신흥 시장에 적용시키는 것은 '기울어진 운동장'이라는 비판도 있답니다. 개발도상국과 중소기업보다는 기술력과 인프라를 잘 갖춘 선진국과 대기업에 유리하다는 이야기지요.

북극 얼음 다 녹기도 전에…
본격화되는 패권 경쟁

북극의 빙하가 모두 없어진다면 어떻게 될까요? 2023년 한국, 캐나다, 독일 연구팀이 발표한 연구 결과에 따르면, 온실가스 배출을 현재 수준으로 지속하면 기존 전망인 2040년대보다 10년 정도 빠른 2030년대에 북극 해빙이 소멸된다고 합니다. 연구팀은 북극 해빙이 소멸되면 지금보다 심각한 기상 이변이 발생하고, 시베리아의 영구 동토층이 녹아 온실가스 배출이 급증해져 지구 온난화 속도가 더욱 빨라질 것으로 전망했어요.

전 세계가 북극 빙하를 지키기 위해 노력하고 있지만,

한편에서는 북극 개발과 북극해 항로 개발을 둘러싼 패권 경쟁이 갈수록 치열해지고 있답니다. 둘레가 1만 6000킬로미터에 달하는 북극권은 미국(알래스카)과 러시아, 덴마크(그린란드 자치령), 핀란드, 아이슬란드, 노르웨이, 스웨덴, 캐나다 등 8개국의 영토에 걸쳐 있어요. 8개국은 1996년 북극권 환경보호와 지속가능한 발전 논의, 북극 주변 거주민 보호 등을 목적으로 한 협의체인 북극이사회Arctic Council를 설립했습니다. 현재 회원국은 8개국이고, 한국과 중국 등 13개국이 옵저버 국가로 등록했어요.

북극의 두꺼운 얼음 밑에는 엄청난 지하자원과 생물자원이 묻혀 있어요. 미국 지질조사국USGS에 따르면, 북극 해저에는 전 세계 원유 매장량의 약 13퍼센트, 천연가스는 30퍼센트가 묻혀 있다고 합니다. '불타는 얼음'이라 불리는 미래 에너지 자원 메탄 하이드레이트도 막대할 뿐 아니라 망간, 니켈, 금, 구리 같은 금속광물도 엄청납니다. 특히 스마트폰, 전기자동차, 첨단 무기 등을 만들 때 반드시 필요한 희토류가 많이 묻혀 있다고 해요.

또한 빙하가 녹으면서 새로운 바닷길이 열리면 선박들이 자유롭게 오갈 수 있고, 운송 기간 단축과 물류비용 절

과학자들이 탑승한 러시아 항공기가 북극해의 얼음 활주로에 착륙한 모습이다. 북극권은 미국, 러시아, 아이슬란드 등 8개국 영토에 걸쳐 있어, 북극 개발을 둘러싼 패권 경쟁이 날로 치열해지고 있다.

감 등 경제적 이득을 얻을 수 있어요. 베링해에서 러시아 북부를 거쳐 가는 북극항로를 이용하면 수에즈운하를 이용하는 기존 항로에 비해 거리는 20퍼센트, 운송 기간은 8일이 단축된다고 해요.

지정학적 가치도 큽니다. 지난 2013년 러시아 국방부는 미사일 순양함 '표트르 벨리키'가 이끄는 북해함대 함단이 북극 항로 탐험을 시작했으며, 분함대가 북극에 상주를 재개했다고 발표했어요. 러시아가 북극해 동쪽 해역으로 함정들을 파견하기는 1991년 구소련 붕괴 후 처음이었습니다. 북극권에서 러시아의 군사, 정치적 패권을 지키겠다는 강력한 의지의 표현이라고 할 수 있지요.

러시아는 2007년 소형 잠수함을 동원해, 북극점 아래에 있는 4261미터 심해 바닥에 티타늄으로 만든 국기를 꽂는 데 성공하기도 했어요. 북극 해저엔 1995킬로미터 길이의 로모노소프 해령(해저산맥)이 있는데, 러시아는 이 해령이 자국 영토와 연결돼 있다고 주장해요. 이 주장이 과학적으로 입증되면 러시아는 북극해의 더 넓은 지역에 대해 영유권을 확보할 수 있답니다.

하지만 덴마크와 캐나다는 로모노소프 해령이 러시아가 아니라 북미와 연결됐다고 주장하면서 강하게 반발하고 있어요. 러시아, 덴마크, 캐나다는 UN해양법협약에 따라 영유권을 확보하기 위해 자국의 대륙붕이 북극점과 이어진다는 과학적 근거를 UN대륙붕한계위원회에 제출하기도 했어요. 중국은 영토가 북극권에 속하지 않는데도 자국 상선의 북극 항로 개척에 적극적이에요. 2018년 북극해 개발 의지를 담은 『북극 정책 백서』를 발간했고, 2020년에는 처음으로 북극해 북서해로를 이용해 러시아산 원유를 들여오기도 했어요.

러시아와 중국의 이런 움직임에 서방은 민감하게 반응하고 있습니다. 2018년 북대서양조약기구NATO가 27년 만에 북극권에 항공모함을 보냈고, 2020년 미국의 군함이 냉전기인 1980년 이후 처음으로 북극해 일부이자 노르웨이 북부와 러시아의 핵심 해군기지에 인접한 바렌츠해에 진입했어요. 조 바이든 대통령은 2023년 초대 북극대사로 미북극연구위원회의 위원장인 마이크 스프라가 박사를 임명해 북극에 대한 자국의 영향력 확대 의지를 강력하게 나타내기도 했습니다.

러시아는 북극이사회가 자국의 이익에 도움이 되지 않는다면 탈퇴할 수 있다는 입장을 밝혔어요. 기후위기의 직격탄을 맞고 있는 북극이 신냉전의 현장이 될 수 있다는 우려의 목소리가 높습니다.

7장

기후빌런

기후빌런

기후위기를
부정하는 사람들

"기후변화는 미국 기업의 경쟁력을 떨어뜨리려고 중국이 만들어낸 사기이다." 도널드 트럼프 전 미국 대통령이 한 말입니다. 그는 대통령으로 재직할 시절에 여러 차례 기후변화, 지구 온난화를 부정하는 말을 서슴지 않고 했어요. 미국에 혹한이 강타했을 때는 트위터에 "지구 온난화는 어찌 된 거냐. 제발 빨리 돌아와라, 지금 필요하다고"라며 기후위기 자체를 비웃는 듯한 글을 올리기까지 했고요. 그는 취임 후 7개월이 지난 2017년 6월 1일 파리기후협정 탈퇴를 선언했어요. 2019년 유엔에 정식으로 탈퇴 통보를 했고, 그로부터 1년 후에 탈퇴 효력이 발효됐습니다.

국제사회는 미국의 협정 탈퇴에 큰 충격을 받았어요. 미국은 중국에 이어 이산화탄소를 가장 많이 발생시키는 국가인 데다가 산업화 이후 누적 발생량이 가장 많은 국가였으니까요. 전 세계가 한마음으로 이산화탄소 감축을 위해 노력해도 모자랄 판에 미국의 탈퇴는 협약 자체를 의미 없이 만들어버리는 것이었죠. 다행히 2021년 1월 4일 조 바이든 대통령이 취임 첫날 파리협정 재가입 행정명령에 서명하면서 미국은 기후위기를 막기 위한 글로벌 협력을 재개했답니다.

드라마나 영화 속에서 악당 역할을 하는 등장인물을 영어로 빌런villain이라고 하지요. 기후위기에도 빌런들이 있답니다. 그중 한 부류가 바로 인간에 의한 기후위기를 부정하거나 회의적인 입장을 가진 사람들입니다. 트럼프가 대표적이에요. 특히 그는 미국 대통령을 지냈던 사람인 만큼 많은 사람의 생각에 영향을 미치고 있어요. 미국 공화당의 부통령 후보였던 세라 페일린 전 알래스카 주지사는 "지구온난화는 종말론과 같은 공포 전술에 불과하다"고 말하기도 했어요.

지구의 평균 기온이 오르면서 우리는 일상생활에서 많은 변화를 느끼고 있지만 의외로 기후위기를 부정하거나 회의적인 생각을 가진 사람이 적지 않답니다. 한 여론조사에 따르면, 미국인 열 명 중 여섯 명은 기후변화에 따른 부정적 효과가 이미 나타나고 있다고 답했지만, 네 명은 그렇지 않다고 생각하는 것으로 나타났어요. 인간이 배출한 오염물질 때문이라고 답한 응답자가 2022년에는 65퍼센트였는데, 2023년에는 62퍼센트에 머물렀죠.

기후위기를 부정하는 사람들은 누구이고, 그 주장의 근거는 무엇일까요? 대형 석유회사나 기업들의 로비를 받거나 정치적 목적을 위해 과학적 사실을 왜곡하는 것이라고 생각하기 쉽지만 모두가 그러는 건 아니에요. 기후위기 회의론자 또는 부정자들은 빙하기가 지난 70만 년 동안 10만 년 주기로 발생했으며, 과거에 대기 중 이산화탄소 농도가 지금보다 낮았는데 기온은 오히려 2~3도 높고 해수면이 훨씬 더 높았던 적이 있었다고 주장합니다. 앞에서 언급했던 300만 년 전 플라이오세 시기가 바로 그랬지요.

지구 온난화가 일어나고 있는 것은 사실이지만 그 원인은 인간 활동이 아니라 태양의 흑점 수가 늘어났기 때문이라고 주장하기도 해요. 예를 들어 미항공우주국에서 기후 분야 선임연구원을 역임했고 현재는 앨라배마대학교에 몸담고 있는 기후학자 로이 W. 스펜서는 자신의 책『기후 커넥션Climate Confusion』에서 "우리(기후위기 회의론자)가 미심쩍어하는 것은 지구 온난화가 진행되고 있다는 사실이 아니라 지구 온난화는 오로지 인류 탓이라는 주장, 우리가 50년 혹은 100년 후의 지구 온난화를 충분히 예측할 수 있을 만큼 기후 시스템과 미래의 과학 수준에 대해 잘 알고 있다는 주장, 혹은 우리가 당장 화석연료의 사용을 줄여야 한다는 주장"이라고 밝혔어요.

트럼프와 페일린처럼 기후위기를 음모론으로 보는 사람들은 지구 온난화가 오류라는 근거로 '빙하게이트'를 꼽기도 합니다. 유엔 산하의 기후변화에 관한 정부 간 협의체 IPCC가 2007년 제4차 보고서에서 히말라야 빙하가 2035년 무렵에 녹아서 없어질 것이라고 주장하자, 세계빙하감시기구(WGMS)가 즉각 반박 입장을 발표했어요. 히말라야 핀다리 빙하가 1845년부터 1965년까지 2840미터 줄어들었다는 보고서 내용은 잘못되었다는 것입니다. IPCC 주장대로 빙하가 줄어들었다면 1년에 135.2미터씩 줄어들어야 하지만, 실제로는 1년에 23.5미터만 줄고 있다는 겁니다. 이후 IPCC는 보고서 작성에 과학적 오류가 있었다는 사실을 인정했고, 이것 때문에 IPCC 위원장이 물러나기까지 했어요.

2009년 말에는 이른바 '기후게이트'가 터졌답니다. 영국의 대표적인 기후변화 연구소인 이스트앵글리아대학교 기후연구센터 서버가 해킹을 당해, 지난 10여 년간의 연구 자료와 이 연구센터 소속 학자들이 주고받은 이메일 등 1000여 건이 유출됐습니다. 당시 필 존스 기후변화 연구소장의 이메일이 특히 문제가 됐어요. 존스의 이메일 중 "동료 과학자들이 지난 20년간의 기후 자료에 가짜 온도를 더하는 '계책(트릭·trick)'을 써서 지구의 기온 하락 현상을 감췄다"는 내용이 공개된 겁니다.

존스 소장은 앞뒤 맥락을 생략한 채 부적절하게 인용됐다고 반박했지만 파문은 계속됐어요. 빙하게이트와 기후게이트를 계기로 그동안 비주류로 여겨왔던 기후변화 회의론자들의 반격이 본격화됐습니다. 이 사건은 그동안 기후과학자들을 지구와 인류를 위한 정의의 사도쯤으로 보던 대중의 시각에 부정적인 영향을 미친 게 사실이에요.

그럼에도 불구하고 대다수의 과학자들은 지구 온난화로 인한 기후위기가 갈수록 악화되고 있고, 인간 활동을 가장 큰 원인으로 보고 있어요. 앞에서도 언급했다시피, IPCC는 2023년 3월에 발표한 제6차 평가보고서 종합보고서에서 "인간 활동이 지구 온난화를 명백히 초래했다"고 명시했지요.

IPCC 보고서에 따르면, 온실가스 배출을 통한 인간 활동이 전 지구 지표 온도를 1850~1900년 대비 현재(2011~2020년) 1.1도 상승시켰으며, 이런 추세대로라면 가까운 미래(2021~2040년)에 1.5도 오르고, 2100년에는 최고 4.4도 오른다는 겁니다. 탄소 배출 추세가 이어질 경우 향후 10년 동안 3200만~1억 3200만 명이 극단적 기후 영향을 피할 수 없고, 2030년까지 3억 5000만 명이 추가로 물 부족 현상을 겪게 된다고 합니다.

세계 최악의
기후악당 국가는?

　'기후행동네트워크Climate Action Network'라는 단체가 있
어요. 독일 본에 본부를 둔 이 단체는 130개국의 1300여
개 환경운동 단체들이 힘을 합쳐 기후위기에 맞서 싸우려
는 목적으로 1989년 창설됐답니다.

　이 단체의 활동들 중 흥미로운 것이 유엔기후변화협
약 당사국총회가 열리는 기간 중 발표하는 '오늘의 화석
Fossil of the Day'상이에요. 기후위기를 막아야 한다고 말로만
떠들고 실제 행동은 가장 적게 하는 국가, 최선을 다해 기후
위기 대응을 막은 국가, 지구 환경에 가장 나쁜 짓을 하는

국가들에 상을 수여해요. 총회가 열리는 기간 동안 매일 전 회원들이 투표로 한나라씩 뽑는데, 가장 큰 상은 총회 폐막일에 발표하는 '거대한 화석Colossal fossil'상이에요. 그러니까 '최악 중의 최악' 기후악당 국가에 주는 상인 것이죠.

제27차 유엔기후변화협약 당사국총회COP27가 열린 2022년에는 어떤 국가가 받았을까요? 답은 바로 미국이에요. 기후행동네트워크는 미국을 뽑은 이유를 이렇게 설명했어요. "이번 총회의 핵심은 기후위기 피해국에 대한 보상 펀드를 만드는 것이었으며, 많은 국가가 펀드 설립 협상에 적극적인 자세를 나타냈다. 하지만 미국이 말만 앞세우는 태도를 고수하는 바람에 협상이 뚜렷한 결실을 맺지 못하게 됐다. 미국은 기후위기에 취약한 사람들, 공동체들, 그리고 개발도상국들의 호소에 좀 더 열심히 귀를 기울이고 펀드 설립에 합의해야 한다."

COP27에서는 개발도상국들이 기후위기로 당한 손실과 피해 문제를 정식으로 논의하고 관련 기금을 조성하기로 합의하기는 했어요. 하지만 필요한 재원을 어떻게 확보할 것인지, 피해국들에 어떻게 보상할 것인지 등 구체적인 사안들에 대해서는 명확한 결론을 내리지 못하고 다음

소 바이든 미국 대통령이 2022년 제27차 유엔기후변화협약 당사국총회에서 연설하고 있다. 민간단체인 '기후행동네트워크'는 총회 기간 동안 미국을 기후악당 국가로 지목해 '거대한 화석'상을 수여했다.

총회로 미뤄버렸어요. 기후행동네트워크는 이런 결과를 만든 선진국들, 특히 미국의 태도를 비판한 것이에요.

COP27의 합의문에는 "손실과 피해 복구에 초점을 맞춘 손실과 피해 대응기금fund for responding to loss and damage을 조성한다"고 되어 있을 뿐 보상이나 책임 같은 단어는 등장하지 않아요. 미국 등 선진국들이 반대했기 때문이죠. 실제로 미국 정부는 "기금은 손실과 피해와 관련해 무엇을 지원할 수 있는지에 초점을 맞출 것이며, 책임이나 보상의 규정을 포함하지는 않는다"는 입장을 밝혔어요.

물론 역사상 최초로 이런 기금이 만들어진 것 자체는 대단히 의미 있는 일이에요. 그러나 경제적, 정치적으로 가장 큰 영향력을 가진 미국이 소극적인 태도를 보이면 피해 국가들의 보상 호소가 현실화되기는 어려운 게 사실입니다. 미국은 산업화 이후 온실가스 누적량이 세계 1위예요. 그런데도 2001년 조지 W. 부시 대통령 행정부 때 교토의정서에서 탈퇴했고, 2017년 트럼프 대통령 행정부 때는 파리협정을 탈퇴하는 등 기후위기 극복을 위한 국제사회의 노력을 여러 차례 사실상 무의미하게 만들었던 전과가 있어요.

게다가 미국 상원은 1997년 개도국들이 미국과 동등한 법적 의무를 수락하지 않는 한, 미국은 기후협약의 어떤 의무도 지지 않는다는 내용을 담은 '버드–헤이글Byrd-Hagel 결의안'을 가결하기도 했어요. 2021년 조 바이든 대통령이 의회의 승인을 받기 어려워 행정명령이란 편법을 동원해 협약에 복귀할 수밖에 없었던 데에는 '버드–헤이글 결의안'이란 장애물이 버티고 있기 때문이라는 지적도 나와요.

기후위기, 무엇이 문제일까?

한편 기후행동네트워크는 2등상에 러시아와 브라질을 선정했습니다. 러시아를 선정한 이유로는 COP27에서 우크라이나 침략 전쟁을 정당화하는 활동을 펼치는가 하면 대표단에 화석연료 관련 로비스트 30여 명을 포함시키는 등 온실가스 감축에 소극적인 태도를 보였다는 점을 꼽았지요. 브라질에 대해서는 자이르 보우소나루 대통령 정부가 아마존 열대우림 파괴 등 반기후위기 정책을 취했다고 지적했고요. 이밖에 일본, 이집트, 아랍에미리트, 뉴질랜드, 튀르키예, 이스라엘 등도 '오늘의 화석' 국가로 언급됐어요. 일본은 석유, 가스, 석탄 등 화석연료에 세계 최대의 공적 자금을 조달하고 있다는 사실 때문에 선정됐어요.

참고로, 2021년 COP26 때 '거대한 화석'상은 기후위기 대응의 정부 대응 정책 평가에서 0점을 받은 호주였어요. 2019년 COP25 때는 파리협정 5주년을 기념하는 '5년간 거대한 화석'상을 미국이 받았고, 그해의 '거대한 화석'상을 브라질이 받았습니다. 2018년 COP24에서는 파리협정 탈퇴 등 반기후위기 정책을 취한 트럼프 행정부가 있는 미국이 또다시 받았고요. 그러고 보니 미국은 '최악의 기후악당 국가'라는 타이틀의 단골 국가네요.

국가뿐만 아니라 이산화탄소 감축에 소극적이거나 친환경을 내세워 경제적 이득을 챙기는 기업들도 기후악당이라고 할 수 있겠지요. 영국의 일간지 『가디언』은 2021년 COP26을 앞두고 '미국 최대 기후악당 12인'을 꼽았습니다. 석유회사 대표들뿐만 아니라 기후위기 관련 협약들을 반대하는 정치인들, 에너지기업들의 활동을 지원하는 금융회사 대표들이 대거 포함됐어요. 페이스북의 설립자 마크 저커버그도 '기후악당'에 포함됐는데, 기후위기가 가짜 뉴스라고 주장하는 정보를 무분별하게 유통하거나 유통되는 것을 방치하고 친화석연료 광고로 막대한 이익을 얻고 있다는 이유에서였습니다.

한국이
기후악당 국가라고?

한국도 기후악당 국가들 중 하나라는 사실을 알고 있나요? 영국의 기후 연구기관인 기후행동추적Climate Act Tracker이 2016년에 낸 보고서에서, 파리협정 발효에도 기후행동은 부진하다면서 사우디아라비아, 호주, 뉴질랜드와 함께 한국을 '느림보들laggards'로 지목했어요. '악당'이란 표현을 쓰지는 않았지만 사실상 같은 의미인 셈이지요. 국내외 언론들도 그렇게 보도했고요.

기후행동추적은 홈페이지에 세계 각국 현황을 분석한 보고서를 계속 업데이트하고 있는데, 2023년 현재 한국을 기후위기 관련 정책과 실천이 '매우 불충분한highly insufficient' 등급의 국가로 분류해놓고 있어요. 한국이 2050년까지 탄소중립을 이루겠다고 선언했지만, 전체 에너지원 중 화석연료 비중이 67퍼센트(2020년 기준)로 너무 높은 반면 재생에너지는 6퍼센트에 머물러 있다는 겁니다.

2022년 기후변화 대응 지수Climate Change Performance Index 평가에서도 한국은 24.91점을 받아 63개국 중 60위로 최하위를 기록했어요. 한국보다 더 나쁜 평가를 받은 나라는 카자흐스탄(24.61점), 사우디아라비아(22.41점), 이란(18.77점) 3개국뿐이었죠. 2018년에는 57위, 2019년 58위, 2020년 53위, 2021년엔 60위였어요. 앞에서 언급했듯이 한국은 세계 탄소 배출량 10위권에 들어가는 국가이고, 한 해 동안 쓸 생태 용량을 4월 2일에 모두 써버리는 '생태 용량 빚쟁이' 국가예요. 경제 발전 속도에 비해 기후위기 대응 속도는 부진하다는 점에서 국제사회는 한국을 비판적으로 바라보고 있습니다.

한편 유엔은 2023년 기후악당 국가에 법적 책임을 물을 수 있는지에 대해 국제사법재판소ICJ의 권고적 의견을 요청하는 결의안을 통과시켰어요. 권고적 의견은 유엔총회나 안전보장이사회 등이 요청하는 법률적인 문제에 국제사법재판소가 표명하는 의견을 말해요. 법적인 구속력이 없기 때문에 반드시 따라야 하는 것은 아니지만 결코 적지 않은 권위와 영향력을 가지고 있지요. 기후위기의 직격탄을 맞은 섬나라 국가들을 비롯해 120여 개국이 결의안에 지지 서명을 했지만 온실가스 1, 2위 배출국인 미국과 중국은 참여하지 않았답니다.

8장
___

기후중립 시대

기후중립 시대

청소년
환경운동가의 분노

"How dare you!(당신이 어떻게 감히!)"

열여섯 살 스웨덴 청소년 환경운동가 그레타 툰베리가 어른들을 향해 강한 눈빛에 단호한 말투로 말했습니다. 지구가 멸종의 시작점에 서 있는데 어떻게 아직도 돈과 경제 성장을 우선으로 이야기할 수 있는지 따져 물었죠. 학교에 있어야 할 나이인 자신이 먼 나라까지 와서 연설을 하게 만든 어른들의 무책임을 비판하며 앞으로 어떻게 하는지 지켜보겠다고 했습니다.

2019년 유엔기후행동 정상회의에서 툰베리가 각국

정상들에게 던진 경고는 어른들을 뜨끔하게 만들었어요. 이 회의는 2050년까지 탄소중립을 약속한 파리협정 목표를 어떻게 지킬지 국가별로 계획을 발표하는 자리였습니다. 하지만 툰베리의 눈에는 실제 효과가 없는 해결책만 나열됐고, 정치적으로도 중요하게 다룬다는 확신을 갖지 못했던 거예요. 지구 환경의 생태계가 붕괴되고 있을 때 태어난 청소년들은 미래를 상상할 수도 없게 됐는데, 정작 지구를 위기에 빠뜨린 어른들은 '이 정도면 충분하다'라며 문제를 외면하고 있다고 느낀 거예요.

툰베리는 미국 뉴욕에서 열린 이 회의에 참석하기 위해 탄소 배출량이 많은 비행기를 타지 않았어요. 대신 영국에서 뉴욕까지 보름에 걸쳐 요트를 타고 왔죠. 누구보다 기후위기 해결에 간절했던 환경운동가 툰베리는 많은 것을 바꿀 수 있는 권한을 가진 각국 정상들의 안일한 태도에 분노한 것입니다.

여덟 살 무렵 기후변화 문제를 처음 알게 됐을 때 '왜 빨리 해결하려고 노력하지 않지?'라는 의문이 생긴 툰베리는 심한 무기력증에 빠졌다고 해요. 두 달간 먹지도 못하고, 말도 하지 않아 몸무게가 10킬로그램이나 빠진 적도 있다

스웨덴 청소년 환경운동가 그레타 툰베리가 2019년 7월 19일 독일 베를린에서 열린 '미래를 위한 금요일' 시위에서 발언하고 있다.

고 합니다. 기후우울이었던 것이죠. 이후 자신은 완전 채식주의자가 됐고 부모님에게는 탄소발자국이 큰 교통수단을 이용하지 말라고 부탁했다고 해요.

이런 툰베리가 유엔에서 한 연설은 전 세계의 공감을 얻었고, 또래 청소년들의 변화를 위한 행동으로 이어졌습니다. 탄소중립을 위해 각자의 자리에서 당장 할 수 있는 일들을 찾아 바로 실천하는 것이에요. 갈 길은 아직 멀지만, 온실가스를 유발하는 일상 습관을 일깨우고 기후위기에 대한 경각심을 갖게 하려는 노력이 세계 각지에서 일어나고 있습니다. 먼 훗날 달성할 수 있는 목표를 향해 가는 것도 중요하지만 바로 지금, 변화하지 않으면 미래는 없을지도 모르니까요. 툰베리는 자신의 트위터에 이런 말을 남겼어요.

"다시 한 번 강조하지만, 권력을 가진 사람들이 실제 기후행동을 시작하기 위해 하는 회의, 조약, 협약은 필요하지 않습니다. 그런 것이 없어도 지금 바로 시작할 수 있습니다. 충분한 사람들이 모이면 변화가 일어나고 우리는 무엇이든 이룰 수 있을 것입니다. 그러니 희망을 찾는 대신 희망을 만들어보세요."

기후파업과
기후소송

2018년 여름 스웨덴은 260년 만의 폭염에 시달렸습니다. 아무리 더운 여름이어도 낮 최고 기온이 20~22도였던 스웨덴 날씨가 34도를 넘어섰고, 곳곳에서 산불이 일어났어요. 산 정상의 만년설이 녹아버려 봉우리 높이가 낮아지면서 최고 높이의 산이 2위로 밀려나기도 했습니다.

기후변화로 인해 충격적으로 달라진 일상의 모습은 툰베리를 활동가로 만들었다고 해요. 학교에 가는 대신 등교 시간에 국회의사당 앞에 나가 "기후를 위한 학교 파업"이라고 쓴 팻말을 들고 시위를 하기 시작했어요. 정부에 더 강력한 탄소 배출 감축 정책을 요구하며, 파리협정을 지킬 때까지 금요일마다 파업하겠다고 선언했습니다. '미래를 위한 금요일Fridays For Future, FFF'이라고 이름 지어진 툰베리의 기후파업에 전 세계 학생이 동참했어요. 유럽에서만 270개 도시에서 2만 명의 청소년들이 시위에 참여했습니다.

이후 FFF는 각국에서 금요일 수업에 결석하고 정치인들에게 화석연료를 재생에너지로 전환하는 정책을 세우라고 촉구하는 국제적인 운동이 됐습니다. 2019년 3월 125개국, 100만 명 이상이 참여한 첫 동시 파업을 시작으로 전 세계에서 시위가 계속됐어요. 영국 콜린스 사전은 2019년 올해의 단어로 '기후파업'을 선정했습니다. 기후위기를 방관하지 않고 더 적극적으로 해결하기 위해 힘을 모으자는 의지가 터져 나오기 시작한 거예요.

기후위기에 제대로 대응하지 않는 정부를 상대로 시민들이 소송을 제기하기도 합니다. 한국에서도 2020년 '청소년기후행동' 소속 청소년 19명이 제기한 소송과 2022년 엄마 배 속에 있는 아기를 포함한 어린이 62명이 제기한 아기 기후소송 등 네 건이 헌법소원으로 진행 중입니다. 헌법소원은 국가가 공권력을 행사하거나 행사하지

2019년 1월 25일 금요일 독일 베를린에서 열린 학생 기후파업. 그레타 툰베리가 '미래를 위한 금요일'로 이름 붙인 학교 파업을 시작한 이후 전 세계 학생이 동참했다.

않아 국민의 기본권이 침해됐을 때 제기하는 소송이에요.

　지구 생태계의 한계치로 거론되는 기온 상승 폭은 1.5도인데 이미 1.1도가 높아졌고, 한국의 상승 폭은 세계 평균을 훌쩍 넘은 1.8도입니다. 극한 기후 현상은 앞으로 더 잦아질 것이라는 전망이 쏟아지지만, 정부의 현재 온실가스 감축 정책은 상황을 반전시키기에는 턱도 없이 모자랍니다.

청소년들은 이 심각한 상황을 보고만 있을 시간이 없다며 기후소송을 헌법재판소에 청구했습니다. 2020년 3월 저탄소·녹색성장 기본법과 시행령에서 규정된 온실가스 감축 목표가 기후위기로부터 소송 청구인 청소년의 생명권, 환경권, 평등권, 인간답게 살 권리 행복추구권 등 기본권을 보호하기에는 부족한 점이 위헌이라고 밝힌 것입니다.

이 소송을 제기한 곳은 10대를 중심으로 가장 활발하게 탄소중립 실천 운동을 하는 청소년기후행동입니다. 기후위기 당사자인 청소년과 청년의 목소리와 행동으로 문제를 해결하려고 만든 단체라고 해요. 2018년 기후위기의 심각성을 자각한 청소년들이 작은 모임을 꾸렸고 "아무것도 안 하고 원망만 할 수 없다"라는 마음으로 2019년 세계 청소년 기후운동 연대인 '미래를 위한 금요일'을 통해 기후파업에 참여했습니다.

헌법재판소는 청소년기후행동의 원고 자격과 소송의 심사 자격을 인정해 2024년 5월 현재 심리가 진행 중입니다. 소송 이후 대통령은 "정부는 충분한 기후위기 대응을 하고 있고, 청소년들이 기후위기의 당사자가 아니다"는 취지의 의견서를 헌법재판소에 제출했어요. 하지만 청소년들은 "기후위기는 인권의 위기"라며 반박 의견서를 냈습니다.

2020년 소송 제기 후 시간이 훌쩍 지난 2024년까지 결론은 아직 나오지 않았어요. 정부는 그동안 탄소중립녹색성장기본법을 만들었고, 2050년 탄소중립 목표와 2030년 국가 온실가스 감축 목표도 새로 내놓았죠. 하지만 청소년들은 여전히 부족하다며 탄소중립녹색성장기본법에 대한 위헌 소송도 추가로 제기한 상태입니다. 해당 법에 따른 정부의 계획대로라면 2030년 미래 세대가 사용할 탄소예산이 고갈돼 현재 10~20대의 권리가 침해된다는 것입니다.

탄소예산이란 지구 온도 상승 억제 목표에 따라 배출할 수 있는 이산화탄소의 총량을 뜻해요. 2030년까지 파리협정을 지켜 기온이 1.5도 상승하는 데 그친다 해도 이미 그전에 탄소예산은 완전히 바닥을 드러내 미래 세대가 쓸 수 있는 부분이 없으니 더 강력하고 실효성 있는 대책을 마련하라고 추가 소송을 낸 거예요.

한국에서는 의미 있는 판결이 나오지 않았지만, 외국에서는 시민들이 승소한 기후소송도 있습니다. 2019년 네덜란드에서는 시민들이 정부를 상대로 "정부의 온실가스 감축 정책은 기후변화를 막기에 부족해 국민의 건강권과 인권을 침해한다"며 소송을 내 7년 만에 승소했습니다. 환경단체 '우르헨다Urgenda' 재단의 주도로 2013년 제기된 이 소송은 전 세계에서 시민들이 대법원 확정판결까지 이긴 첫 기후소송입니다.

네덜란드 법원은 정부에 온실가스 배출량을 1990년보다 최소 25퍼센트 줄이라고 주문했어요. 이에 네덜란드 정부는 "우리만 배출량을 줄인다고 해결될 문제가 아니라"라고 반박했지만, 법원은 "모든 국가는 자신의 몫에 책임을 져야 하며, 온실가스를 감축할 때마다 탄소예산이 늘어나니 무의미하지 않다"고 결론을 내렸습니다.

독일 연방헌법재판소는 2021년 독일 연방기후보호법이 2030년 이후 온실가스 감축에 대해서는 충분한 정책을 마련하지 않아 미래 세대의 자유권을 침해할 우려가 있다며 일부 위헌을 결정했습니다. 2030년까지는 목표가 확실하게 설정돼 있으나, 2030년 이후 예상되는 극심한 자유권 감소를 막기 위해 사전 예방 조치를 하지 못하고 있다는 판단입니다. 이에 독일 정부는 해결책을 내놓아야 합니다. 아일랜드, 프랑스, 독일, 콜롬비아, 네팔 등에서 제기된 기후소송에서도 정부의 책임을 인정하는 판결이 나왔습니다.

가성비 대신
가치를 소비하는 사람들

기후위기의 시급성에 대해 전 지구적인 공감대가 형성되면서 많은 국가가 탄소중립을 선언하고, 플라스틱 규제 등 친환경 정책을 만들고 있습니다. 교통 운송 수단이나 건축물에 적용하는 에너지 전환 기술도 빠르게 발전하고 있고요.

정부의 엄격한 환경 규제와 맞물려 기업들은 제품 생산과 판매 과정에서 환경에 미칠 악영향이 없는지 스스로 살피기 시작했어요. 국제 신용평가사와 투자사들이 기업 경쟁력 평가에 기후변화 지표를 추가하고 있기 때문이에요. 소비자들이 지구의 지속가능성을 생각하지 않는 기업의 물건과 서비스를 구매하지 않고 있거든요. 탄소중립은 사회적 가치를 지키는 것을 넘어 국가와 기업이 생존력을 유지하는 데 큰 요소가 된 것입니다.

거스를 수 없는 전환의 흐름을 만든 것은 일반 시민이나 일반 소비자들입니다. 특히 코로나19 바이러스 확산으로 3년간 역사적인 전염병 사태를 겪으면서 지구와 환경, 생태계 다양성에 관한 관심이 커지며 소비에 대한 인식에 큰 변화가 찾아왔습니다. 전 세계 27개국 소비자 8000여 명을 조사했더니, 친환경 제품 구매 경험은 코로나 이전이었던 2019년 35퍼센트에서 코로나를 겪고 난 이후인 2021년 53퍼센트로 급증했다고 해요. 친환경 포장 제품에 대한 선호도 역시 37퍼센트에서 54퍼센트로 크게 늘었습니다.

같은 조사에서 응답자의 47퍼센트는 환경과 인권 등 사회적 가치를 지키지 않은 기업의 제품을 사지 않거나 도덕적이지 않다고 판단되는 기업의 제품을 다른 회사 제품으로 바꾼 경험이 있었습니다. '그린슈머Greensumer', '이노슈머Innosumer'가 점차 늘어나고 있는 것이지요. 녹색을 상징하는 '그린green'과 소비자를 뜻하는 '컨슈머consumer'를 합쳐 그린슈머, 혁신을 뜻하는 '이노베이션Innovation'과 '컨슈머'를 합친 이노슈머는 기업에 친환경 활동을 요구하고 소비자로서 감시하는 역할을 합니다. 기업이 제품 생산과 포장, 공정 과정에서 친환경 혁신을 하도록 집단행동으로 영향력도 행사하고요.

그래서 기업들은 앞에서 언급한 RE100에 동참해 스스로 탄소중립 목표를 세우거나 신재생에너지 사용 비중을 확대할 수 있는 지역으로 공장을 옮겨 가기도 합니다. 석유회사와 정유회사들은 석유 사업을 줄이고 대체 에너지 기업을 인수하거나 저탄소 기술에 투자하는 식으로 에너지 전환에 나섰습니다.

2012년 이미 탄소중립을 달성한 마이크로소프트는 1975년 창립 이후에 회사가 배출한 규모만큼의 탄소를 2050년까지 지구에서 제거할 수 있도록 하겠다는 목표를 세웠어요. 이를 위해 10억 달러의 기후혁신기금을 조성해 탄소 처리 기술을 개발 중입니다. 또 2025년까지 사무실과 공장에서 쓰는 전기를 100퍼센트 재생에너지로 바꾸고, 2030년에는 회사 업무 차량을 모두 전기차로 바꿀 계획이라고 하네요.

2007년 탄소중립을 이뤄낸 구글은 2020년 탄소발자
국을 모두 없앴다고 발표했습니다. 탄소상쇄를 통해 탄소
중립을 달성한 2007년 이전에 회사가 배출한 온실가스만
큼을 제거해, 구글이 평생 남긴 순탄소발자국 총량을 '0'으
로 만들었다는 거예요. 탄소상쇄란 다른 기업이나 단체가
감축한 탄소량을 구매해 자신의 탄소중립 실적으로 인정받
는 제도입니다.

규제에 대응하는 차원이 아니라 기후위기에 대한 사
회적 책임을 다하지 않으면 소비자들이 선택하지 않는다는
위기감이 커지면서 ESG 경영이 중요해졌습니다. ESG는
환경Environmental과 사회Social, 지배구조Governance의 영어 앞
글자를 딴 용어입니다. 기업의 철학, 도덕성 등이 경영 성과
를 판단할 때 기준이 되는 거예요.

게다가 요즘 젊은 소비자층은 물건을 구매하는 것이
단순한 소비 활동을 넘어 자신이 추구하는 사회적 가치와
메시지를 담은 신념의 표현입니다. '가격이 더 비싸도 친환
경 제품을 사겠는가'라고 물어보니, 1946~1964년생인 베
이비붐 세대는 '그렇다'라고 답한 사람이 42퍼센트밖에 되

지 않았습니다. 반면에 1990년대 후반에서 2010년대 초반에 태어난 Z세대 가운데는 73퍼센트, 1980년대 초반부터 1990년대 중반인 밀레니얼 세대는 68퍼센트나 됐습니다. Z세대나 밀레니얼 세대가 사회적으로 가장 관심을 두는 주제도 기후위기나 환경보호거든요.

가성비를 따지는 대신 지구와 사회에 대한 영향을 생각하는 이런 소비자들은 생활 방식도 이전과 다릅니다. 육류와 유제품 등을 먹지 않는 채식 인구가 증가하는 것이 대표적인 특징이에요. 세계 농업 분야에서 배출되는 탄소량은 총배출량의 11.9퍼센트이고, 이 중 약 70퍼센트가 육류와 유제품 생산에서 나온다고 알려져 있습니다. 젖소 등 낙농업 가축이 배출하는 메탄가스의 온실효과는 이산화탄소보다 20배 이상 크다고 해요. 탄소중립을 위한 노력뿐 아니라 동물권을 존중하려는 사람이 많아지면서 한국에서도 채식 인구는 150만~200만 명 수준으로 15만 명 정도였던 20년 전보다 열 배 이상 늘었습니다.

불필요한 제품을 사거나 소유하지 않고 최소한의 물건만으로 생활하는 '미니멀리즘'이 유행하는 것 역시 비슷한 맥락이에요. 일상이 조금 불편해도 소비를 줄여 탄소 배출을 줄이려는 노력이 담겨 있거든요. 기후위기를 초래한 대량 생산 구조와 대규모 쓰레기를 배출하는 소비 생활을 바꾸고, 경제는 계속 성장해야 한다는 믿음을 다시 생각해 보려는 시도이기도 합니다.

챗GPT
검색을 멈춰라

미래 인류를 더 풍요롭게 할 기술로 꼽히는 인공지능AI 은 이미 다양한 방식으로 인간 생활을 돕고 있습니다. 최근 IT업계에서 앞다퉈 서비스를 시작한 생성형 AI와 같은 AI 챗봇은 인터넷이 처음 발명됐을 때만큼 혁명적이라는 평가를 받고 있어요. 생성형 AI는 키워드에 대한 정보를 보여주는 것을 넘어서, AI가 명령에 따라 스스로 학습한 데이터를 가지고 분석하고 판단해 새로운 생각을 내놓는 방식입니다.

AI 챗봇은 인공지능이 기계학습(머신러닝)으로 수집한 엄청난 양의 데이터를 기반으로 글도 쓰고, 노래도 만들며,

그림도 그릴 수 있습니다. 사람을 대신할 수 있는 역할이 무궁무진해진 것이죠. 그래서 세상을 또 한 번 바꿀 기술이라고 불리고 있습니다. AI 기술에 기대감이 높은 것은 서비스가 발전할수록 사람들의 생활이 편리해지고 우리의 가능성을 넓혀줄 것이라고 보기 때문입니다. 그런데 기술이 발전한 미래는 장밋빛이기만 할까요?

컴퓨터나 스마트폰으로 인터넷에 접속해 동영상을 시청하거나 음악을 듣는 일상에서 많은 에너지가 소비됩니다. 전자 기기를 작동하는 데 전기가 필요할 뿐 아니라 정보를 저장하는 데이터센터를 가동하는 데에도 막대한 에너지가 필요해요. 데이터센터는 컴퓨터 시스템과 저장 장치(스토리지), 통신 장비 등을 모은 시설로 수천~수만 대의 서버가 설치돼 있어요. 어마어마한 전력을 쓰면서 많은 열을 방출하기 때문에 기계들이 고장 나지 않도록 엄청난 전기와 물을 소비하며 냉각 장치를 돌리지요.

문제는 우리의 디지털 생활이 점점 더 많은 데이터를 동원하는 쪽으로 가고 있다는 점이에요. 주로 텍스트를 주고받는 이메일은 1년에 배출하는 탄소량이 총 1.2킬로그램에 그치지만, 포털사이트는 검색 한 번에 약 0.2그램이 배출됩니다. 동영상은 10분에 1그램, 많게는 53그램 정도가 배출된다는 추정치도 있습니다. 단순히 텍스트와 사진이 오가는 검색이 아니라 없던 데이터를 창조해내는 생성형 AI는 검색 값을 도출하는 데 포털의 네다섯 배나 되는 작업을 거친다고 알려져 있습니다. 에너지 소비와 온실가스 배출도 비례해서 늘어나겠지요.

특히 인공지능 기술 기업인 '오픈 AI'가 개발한 '챗 GPT'를 비롯해 AI 서비스는 개발을 위한 학습 과정에도 많은 에너지를 씁니다. 현재 서비스되는 모델보다 낮은 버전인 '챗GPT-3'을 학습하는 데 사용된 전기량은 1287메가와트시MWh, 배출된 이산화탄소량은 552톤에 달한다는 연구가 있습니다. 미국에 사는 가정 120가구가 1년간 쓴 전기 사용량을 정식 서비스를 개발하기도 전, 테스트 과정에서 소비한 거예요. 탄소 배출량은 1년간 미국 가정 100가구 혹은 1년간 휘발유 승용차 123대를 운전할 때 나오는 양과 맞먹습니다. 이보다 업그레이드돼 완성된 서비스는 더 많은 전력을 소비하고 탄소도 더 배출할 것으로 보입니다.

AI 챗봇은 지금도 빠른 속도로 전 지구의 데이터를 학습 중이고 날이 갈수록 정확한 답을 내놓을 거예요. 그만큼 더 많은 사람이 이 생성형 AI를 통해 검색하게 될 겁니다. 스스로 기계학습을 하는 인공지능의 자체 발전 속도는 앞으로 인간이 따라잡을 수 없는 수준으로 올라갈 거예요.

그래서 지금부터 당장 탄소 배출을 줄이는 방법으로 기술을 개발하는 환경을 만들어야 한다는 목소리가 나옵니다. 재생에너지를 사용할 수 있는 환경은 물론 전력 소비를 줄일 수 있는 방식으로요. 과거 기술이 발전할 때 인간의 편리와 경제 효과만 따진 결과로 맞이한 지금의 기후위기를 반면교사 삼는다면, AI 관련 연구와 개발된 서비스의 탄소발자국을 미리 공개하도록 사회적 합의를 이루는 방법도 있습니다. 인공지능이 정말로 인간의 삶을 윤택하게 하는 도구가 되려면 꼭 필요한 노력입니다.

함께 읽어볼
책들

곽재식,『지구는 괜찮아, 우리가 문제지』, 어크로스, 2022.

구정은·이지선,『10년 후 세계사』, 추수밭, 2021.

정철균·최중혁·정혜원,『넷제로 에너지 전쟁』, 한스미디어, 2022.

조효제,『탄소 사회의 종말』, 21세기북스, 2020.

그레타 툰베리 외, 이순희 옮김,『기후 책』, 김영사, 2023.

나오미 클라인, 이순희 옮김,『미래가 불타고 있다』, 열린책들, 2021.

나오미 클라인, 이순희 옮김,『이것이 모든 것을 바꾼다』, 열린책들,
    2016.

데이비드 월러스 웰즈, 김재경 옮김,『2050 거주불능 지구』, 추수밭,
    2020.

레스터 브라운, 이종욱 옮김,『우리는 미래를 훔쳐 쓰고 있다』, 도요
    새, 2011.

마이클 셸런버거, 노정태 옮김,『지구를 위한다는 착각』, 부키, 2021.

메리 로빈슨, 서민아 옮김,『기후정의』, 필로소픽, 2020.

브뤼노 라투르, 박범순 옮김,『지구와 충돌하지 않고 착륙하는 방법』,
    이음, 2021.

앨 고어, 김명남 옮김,『불편한 진실』, 좋은생각, 2006.

조이 W. 스펜서, 이순희 옮김,『기후 커넥션』, 비아북, 2008.

기후위기,
무엇이 문제일까?

ⓒ 오애리·김보미, 2023

초판 1쇄 2023년 9월 22일 펴냄
초판 2쇄 2024년 7월 31일 펴냄

지은이 | 오애리·김보미
펴낸이 | 이태준
인쇄·제본 | (주)삼신문화
펴낸곳 | 북카라반
출판등록 | 제17-332호 2002년 10월 18일
주소 | (04037) 서울시 마포구 양화로7길 6-16 서교제일빌딩 3층
전화 | 02-486-0385
팩스 | 02-474-1413
ISBN 979-11-6005-129-2 44300
　　　979-11-6005-127-8 44080 (세트)
값 15,000원